D1149594

Mycologie
est le cent trente-deuxième ouvrage
publié chez
Dramaturges Éditeurs

Dramaturges Éditeurs
4401, rue Parthenais
Montréal (Québec) H2H 2G6
Téléphone : 514 527-7226
Télécopieur : 514 527-0174
Courriel : info@dramaturges.qc.ca
Site internet : www.dramaturges.qc.ca

Dramaturges Éditeurs choisit de respecter l'auteur
dans sa façon de transcrire l'oralité.

Mise en pages et maquette de la couverture : Yvan Bienvenue
Révision : Geneviève Robitaille
Correction des épreuves : Daniel Gauthier

Nous remercions le Conseil des Arts du Canada
de l'aide accordée à notre programme de publication.
Nous remercions aussi la Sodec.

Dépôt légal : deuxième trimestre 2010
Bibliothèque et Archives nationales du Québec
Bibliothèque nationale du Canada

© Dramaturges Éditeurs et Stéphane Crête 2010
Toute représentation de ce texte, en tout ou en partie, par quelque
moyen que ce soit, par tout groupe (amateur ou professionnel),
avec ou sans prix d'entrée, est formellement interdite
sans l'autorisation écrite de l'auteur.

ISBN 978-2-89637-031-3

Stéphane Crête

MYCOLOGIE

Dramaturges Éditeurs

La première représentation publique de *Mycologie* a eu lieu le 5 mai 2009, à l'Espace GO, à Montréal.

Distribution :
Guillaume Chouinard, Stéphane Demers, Marianne Marceau, Gabriel Lessard, Dominique Leduc et Gilles Renaud.
Mise en scène : Stéphane Crête
Musique : Stéfan Boucher
Scénographie : Sharon Scott
Éclairages : Caroline Ross
Costumes, accessoires et effets spéciaux : Louis Hudon
Assistance à la mise en scène : Marie-Hélène Dufort

Une production Momentum.

Certaines répliques ou idées émises dans ce texte ont été inspirées par les écrits de divers penseurs, maîtres ou formateurs à qui l'auteur aimerait ici exprimer sa reconnaissance : Paule Lebrun, Alejandro Jodorowsky, Ma Premo, Chögyam Trungpa, François Gourd, Osho, Kabîr, Raôul Duguay, Gordon Wasson et tout le collectif de chercheurs de Ho!

L'auteur remercie également Momentum, Isabelle Mandalian et le Conseil des Arts du Canada.

Ce n'est pas un signe de bonne santé mentale d'être bien adapté à une société malade.

Krishnamurti

PERSONNAGES

PAN (Docteur Pan, Régisseur Pan, Professeur Pan, Philippe, Hongo)
MARC-OLIVIER IGLÉSIAS, alias MOI
MARCO DUBREUIL (MOI-DEVENU-MARCO)
INGRID MYKLOS
DÉSIRÉE
KNUT ZNUTZNER
JEANNE
MADAME ZNUTZNER
MARIE
Les clients de la thérapie de groupe
Un rat et un lapin

Préambule

Lieu vide. Pan s'approche, majestueux et mystérieux.

PAN

Le monde. Comme le monde est mystérieux. Tout comme ta présence ici, d'ailleurs. Pourquoi es-tu ici ce soir et pas ailleurs? Et pourquoi moi, devais-je y être aussi? Peut-être nous cherchions-nous? Peut-être nous sommes-nous trouvés. Peut-être. Tout est concentré dans ce «peut-être», dans ce «je ne sais pas». Dans ce mystère qui t'a fait choisir d'être ici, qui m'a fait choisir d'être ici.

Peut-être as-tu un profond besoin d'entendre cette histoire, tout comme j'ai le profond désir de la raconter? Peut-être. Et nous voilà. Ensemble. Maintenant. Un maintenant rempli de possible, rempli d'espoir. Un ici qu'il ne reste plus qu'à savourer, à chaque instant. La seule chose de sûre, c'est bien cet instant que nous passons ensemble, non? Celui-ci. Et celui-ci. Celui-ci encore.

Le monde est rempli de possible et d'impossible à la fois. De probable et d'improbable. D'ordinaire et d'extraordinaire. De mystère et de mystérieux.

Mais quel est ce mystère? Ce «je ne sais pas»? Chaque jour, nous marchons, chargés de ces questions. Parfois, cette recherche nous fait frapper à la bonne porte.

Parfois, non. Peut-être aussi que toutes les portes sont bonnes. Il suffit de savoir regarder chacune d'elles comme une opportunité. Il suffit de regarder autrement. De voir le monde dans un crachat. C'est une mystérieuse aventure que de choisir de vivre.

Premier mouvement
Première partie

Scène 1
Cabinet de médecin (Québec)

Marco est assis, comme dans une salle d'attente, lisant un magazine. Ingrid s'approche.

PAN

Mon histoire n'a pas de commencement ni de fin. Mais on pourrait la faire débuter ici. À travers ces personnages, la vie, dans ce qu'elle a de plus improbable, nous fera la brillante démonstration de sa beauté. Ils auront beaucoup à partager, vous verrez, mais comme dans toutes les histoires qui commencent, ces personnages ne le savent pas encore.

Ingrid, *consultant un dossier*
Marco Dubreuil.

MARCO
Bonjour, docteur.

INGRID
Alors, comment ça évolue depuis votre première visite?

MARCO, *déprimé*
Ça chauffe autant. Mais là, c'est comme rendu dans l'entrejambe. Ça pique, ça pousse, on dirait. Je sais pas si c'est le stress ou quoi... mais c'est pas le fun.

INGRID

Mh. J'ai reçu les résultats du labo, mais j'aimerais revoir la plaie, avant.

MARCO

Vous voulez que je baisse mon pantalon?

INGRID

Mh Mh.

MARCO

Vous vous rappellerez que je suis bien pourvu.

INGRID

Oui. Je m'en rappelle.

Ils échangent un regard. Séduction.

INGRID, *l'auscultant*

Qu'est-ce que vous faites dans la vie?

MARCO

Je suis magicien.

INGRID

Magicien! C'est exotique…

MARCO

Ouais. Mais ça marche pas fort fort. Le marché est un peu saturé ici…

INGRID

Marié?

MARCO

Divorcé.

INGRID

Des enfants?

MARCO
Une fille, mais... on se voit pus.

INGRID
Mh. Vous prenez déjà des médicaments ?

MARCO
Du Xanax, puis d'autres... des antidépresseurs.

INGRID
Vous êtes...

MARCO
Un peu en *burnout*, genre.

INGRID
Mh. Quel âge avez-vous, Marco ?

MARCO
Je viens d'avoir quarante ans.

INGRID
Quarante ans. C'est l'âge où l'on doit commencer à se
soucier de sa prostate. Avez-vous fait un test récemment ?

MARCO
Non.

INGRID
Ce sera important de vérifier si tout se passe bien de
ce côté annuellement. La prévention du cancer... tout
ça. Penchez-vous un peu, je vous prie. Je me nomme
Ingrid. Croyez-vous au destin, Marco ?

MARCO
Heu...

INGRID, *enfilant un gant*
Moi, oui. Vous n'êtes pas entré dans ce cabinet pour rien. Dès que j'ai reçu les résultats du laboratoire, j'ai compris que vous étiez un cas unique, Marco, et j'ai bien envie d'apprendre à vous connaître davantage. Est-ce réciproque?

MARCO
Heu... oui.

INGRID
Je vous plais, n'est-ce pas?

MARCO
Oui...

INGRID
Bien. Écoutez-moi maintenant. Avant de partager avec vous les résultats des analyses, je me dois de vous faire une mise en contexte. Mon histoire commence par un nom : Gordon Wasson. Retenez-le bien : Gordon Wasson. Il fut le premier mycologue à explorer le monde du champignon dans une perspective anthropologique, ethnologique et sacrée. Car le champignon est sacré, vous ne pensez pas?

MARCO
Euh... oui.

INGRID, *lubrifiant son gant*
Je m'identifiai beaucoup à cet homme et à ses recherches. Nos passions étaient communes. Découvrant l'importance de la place accordée aux champignons hallucinogènes dans les cérémonies sacrées des Aztèques, il se rendit au Mexique, et il y identifia une grande quantité de champignons contenant de la psilocybine, le principe actif du champignon hallu-

cinogène. On donna même à l'un deux le nom de ce savant : le psilocybe wassonii, une variété très rare et très puissante. *(Elle lui insère un doigt dans l'anus. Un temps.)* Est-ce que vous aimez ce qui se passe en ce moment ?

MARCO
Oui.

INGRID
Vous prenez du plaisir ?

MARCO
Oui.

INGRID
Dites-le.

MARCO
Je prends du plaisir, j'aime ça, mais moins fort.

INGRID
C'est moi qui contrôle, mon chou. Vous avez bien besoin qu'on prenne soin de vous, non ?

MARCO
Oui.

INGRID, *retirant son doigt*
À l'époque, vous savez, j'étais mariée à un homme qui avait le même besoin. Philippe. Un champignonniste qui, naturellement, partagea ma fascination pour ce chercheur. Nous poursuivîmes donc ensemble ses travaux, en les poussant juste un peu plus loin, là où Wasson n'avait pas osé aller, c'est-à-dire devant le mystère de l'usage de la psilocybine lors des sacrifices humains aztèques.

Elle lui donne une tape sur les fesses.
Marco râle.

INGRID

Puis-je poursuivre mon récit?

MARCO

Oui...

INGRID, *lui donnant une seconde tape*

Oui, Maîtresse.

MARCO

Oui, Maîtresse.

INGRID

C'est bien. Ce sera bon pour vous d'être avec moi. Profondément séduits par l'idée même du sacrifice humain, mon mari et moi avions projet de nous rendre à Mexico — à la pyramide de Teotihuacán, pour être plus précis — et d'y accomplir un sacrifice — une jeune vierge idéalement — après avoir, bien entendu, consommé du psilocybe wassonii. À travers cette offrande sacrée, je voulais rétablir l'ordre dans le monde. Ce monde chaotique où les humains ont été laissés seuls à eux-mêmes, abandonnés par les dieux. Ne sentez-vous pas le besoin de donner un sens à votre existence, Marco?

MARCO

C'est vrai, ça. Oui, Maîtresse.

INGRID

Mais pour y arriver, il me fallait du psilocybe wassonii, rien d'autre. J'ai longtemps espéré que mon mari trouvât ce champignon, mais en vain. Sa détermination n'était pas la même que la mienne. Il m'a

14

déçue, et nous ne sommes plus ensemble maintenant. Mais voilà que vous apparûtes dans mon cabinet, et voici, j'imagine, le moment du récit qui attirera davantage votre attention puisqu'il concerne le diagnostic. Retournez-vous.

MARCO

Oui.

INGRID

Bien. Voilà donc. Votre mycose est totalement fascinante parce qu'unique. Il s'agit, vous l'aurez deviné, d'une déclinaison toute spéciale du psilocybe wassonii. Je fus prise d'un vertige lorsque j'allai chercher les résultats. Je revérifiai plus de dix fois devant l'improbable cadeau du destin que vous me fîtes en arrivant ici. De mon vivant, c'est la première fois que je vois une mycose ayant des propriétés hallucinogènes. C'est phénoménal. Vous venez raviver le projet aztèque. Vous donnez un second souffle à mon existence. Nous partirons ensemble. À Teotihuacán.

Elle chante.

Teotihuacán

Consécration, Ô! Jour béni
Ultime voyage de ma vie
Vers Teotihuacán

Nous cultiverons ce champignon
Et ensemble nous le mangerons
À Teotihuacán

Il faudra trouver une enfant
Elle sera vierge évidemment

À Teotihuacán
À Teotihuacán
Et sur l'autel sacrificiel
Son corps sera offert au ciel
À Teotihuacán
À Teotihuacán

Je la tuerai avec honneur
Et je leur offrirai son cœur
Les Dieux seront reconnaissants
J'aurai le pouvoir maintenant
À Teotihuacán

Sacrifiée sur les pyramides
Je la balancerai dans le vide
À Teotihuacán

Sur ce sommet, dans cette arène
Je serai roi, je serai reine
De Teotihuacán

Ce sera grand, ce sera beau
Je dominerai Mexico
Et Teotihuacán
Et Teotihuacán

J'asservirai la terre entière
Dominatrice du mystère
De Teotihuacán
De Teotihuacán

Vous êtes un envoyé des anges
Ô ! Champignons que je vous mange
Vous m'apporterez le savoir
Enfin j'aurai tous les pouvoirs
De Teotihuacán
De Teotihuacán

INGRID

Nous partons demain pour la France. Nous irons y trouver Philippe, mon ancien mari. Il a des contacts. Il saura nous mener à une jeune vierge. Je n'attendais plus ce jour et voilà que vous éclairez ma vie d'une lumière inattendue, comme lorsqu'un rayon de soleil filtre courageusement les nuages chargés de pluie qui pèsent sur la campagne, couvrant tout l'horizon d'une noirceur propice à la mélancolie. Je vous soignerai après, bel adonis, dès que nous aurons récolté suffisamment de champignons. D'ici là, cultivez la mycose comme si c'était votre bien le plus précieux, gardez la zone humide, évitez les sous-vêtements de coton blanc, portez des pantalons serrés, mangez beaucoup beaucoup de champignons. Tout le contraire de ce que l'on prescrit habituellement, quoi ! Et surtout, ne vous grattez pas !

Chantant à nouveau.

J'irai là-bas pour y régner
J'y changerai ma destinée
Et celle de l'univers entier
À Teotihuacán !

17

Scène 2
Studio de télévision (Québec)

MOI, *s'adressant à une caméra imaginaire*
On a donc attendu quarante-cinq minutes, pour que les sucs imprègnent bien la viande et, pendant ce temps-là, on a fait revenir les morilles pour les ajouter à la sauce. Et voilà! Notre délicieux rôti aux trois champignons. Eh bien! c'est comme ça que se termine la saison. Ça été un plaisir de partager ma passion avec vous. Comme d'habitude, si vous avez des questions, des commentaires, n'hésitez pas à m'écrire à l'adresse qui apparaît au bas de votre écran. Même si je serai en vacances, ça me fera toujours plaisir de vous lire. Et qui sait? On se croisera peut-être au détour d'un buisson, pendant la récolte des champignons sauvages. En tout cas, je vous promets de revenir en pleine forme, avec des nouvelles recettes, mais d'ici là, si ma présence vous manque trop... je vous invite à vous procurer mon livre qui vient tout juste de sortir : «Cuisinez avec MOI». Sur ce, je vous souhaite un bel été et à très bientôt avec MOI!

Régisseur-Pan fait un décompte pour signaler que l'enregistrement est terminé.

RÉGISSEUR-PAN
Merci.

MOI, *s'adressant à l'équipe technique qu'on devine autour de lui*
Yes! Wouhou! Bonnes vacances, tout le monde! Merci!

Il se démaquille et ramasse ses choses.
Seul dans sa loge, il chante.

Je suis MOI

MOI, c'est comme ça qu'on m'appelle
Depuis la maternelle
Ce n'est pas un nom banal
Mais c'est seulement mes initiales
Ces initiales forment «MOI»
Et tout le monde m'appelle comme ça

Je suis fier de ma vie
Car j'ai tout réussi
J'ai mon show de télé
Et une gueule qui me plaît

Je suis très populaire
Ce n'est pas pour leur déplaire
Allez-y, appelez MOI
Car je suis moi, je suis moi, je suis moi!

Marc-Olivier, mon prénom
Iglesias est mon nom
Je suis moi

Je suis un épicurien
Je mange de tout et j'embrasse bien
J'en profite de toutes les façons
Je suis comme ça, je vis à fond

Demain je vais m'envoler
Je veux aller explorer
Le pays des champignons magiques
Le Mexique, le Mexique, le Mexique!
Je vais me payer tout un trip

Je veux l'extase, je veux la transe
Me défoncer durant toutes les vacances
Je veux jouir de la vie
Jouir du corps et de l'esprit

Répétez après moi
Je suis moi, je suis moi, je suis MOI!
Car je suis moi, je suis moi, je suis moi!

Scène 3
Sur la route (France)

*Ingrid et Marco sont en voiture. Marco
est attaché de telle sorte qu'il ne puisse se
gratter.*

INGRID

Wasson fut le premier à oser émettre l'hypothèse que
les champignons hallucinogènes furent responsables
de l'éveil de la conscience chez l'homme. C'est par
les champignons que les premiers hommes apprirent
à toucher au divin, à développer une conscience de
soi, à… D'ailleurs, je suis de celles qui croient que le
fruit qu'Ève mangea n'était pas une pomme, c'était
un champignon, une amanite tue-mouches fort pro-
bablement… Tu penses vraiment qu'une Cortland ou
une McIntosh aurait ces attributs mystiques ? Voyons.
Seulement une hallucination pure aurait pu faire voir
à Adam et Ève leur véritable nature, leur essence
divine, pour qu'ils puissent oser se placer à côté de
Dieu et que celui-ci ait dû les chasser du paradis !
Mais l'Église aura tôt fait d'éliminer les preuves d'une
telle affirmation.

Marco gigote et grommelle.

Qu'est-ce qu'il y a ? Ça te pique ? Mais c'est normal,
ça pousse. Comme ça pousse bien. Si tu doutais de la
pertinence de ton existence sur terre, dis-toi que tu as

enfin compris ta vocation. C'est une chance inouïe.
Bien des gens cherchent à comprendre leur mission
sur terre, mais ne la découvrent jamais. Les gens se
cherchent tellement.

Nous vivons un profond déséquilibre planétaire, tout
le monde en convient. C'est que la terre a soif de
sacré, mais personne ne sait comment y toucher réellement. Moi, je le sais. Je sais ce qu'il y a à faire. Oui,
je guiderai le troupeau. Ce sera moi, la bergère. Et ma
connaissance divine rejaillira sur toi.

Scène 4
Club SM (France)

Ambiance morne de lounge *qui se veut sexy. Marco est à quatre pattes, une plaque de verre sur le dos faisant office de table. Ingrid boit un verre.*

INGRID
C'est ici que j'ai rencontré Philippe la première fois. *(Observant le lieu.)* Ce n'est plus ce que c'était... Tu verras, il est charmant. Très érudit, de fabuleuses discussions, mais une absence totale de volonté. J'eus pu piétiner Philippe qu'il en eût retiré du plaisir. C'était lassant à la longue. Mais bon. Philippe sera le meilleur candidat pour cultiver ton corps avec adresse.

Philippe apparaît.

INGRID
Ah! Il est là. Philippe!

PHILIPPE
Ingrid! C'est merveilleux! *(Pan jette un regard au public, de connivence avec lui dans l'incarnation de ce nouveau personnage.)*

INGRID
Bonsoir, mon chérubin, tu m'as manqué.

Philippe se met aussitôt à quatre pattes pour baiser les bottes d'Ingrid.

PHILIPPE, *à la même hauteur que Marco*
Bonjour, Monsieur.

MARCO
Bonsoir...

INGRID
Voici Marco, mon nouvel amant. (*Regardant Philippe, puis, lui claquant les fesses.*) Dis donc, tu t'es laissé grossir, toi.

PHILIPPE
Ça fait vraiment plaisir de te voir, Ingrid.

INGRID
Allons prendre une marche, c'est glauque ici. (*Elle caresse la tête de Philippe, comme on le ferait à un animal, puis lui passe une laisse au cou.*)

INGRID
Tu es encore en contact avec cet orphelinat à Bourg-en-Bresse?

PHILIPPE
Oui.

INGRID
Parfait. Tout est parfait.

Transition musicale.

Premier mouvement
Deuxième partie

Scène 1
Chambre de Désirée (France)

*Dans la chambre d'un orphelinat fran-
çais. Tout est défraîchi. On dirait que le
mot lugubre fut inventé pour désigner cet
endroit.*

*Au centre, Désirée est allongée sur son lit,
les yeux fermés et les mains sur le ventre,
telle une belle au bois dormant.
Knut s'approche d'elle, une brosse à récurer
à la ceinture, et se penche vers son visage.*

KNUT
Réveillez-vous, ma princesse. *(Il pose chastement ses
lèvres sur les siennes.)* Réveillez-vous.

Elle ouvre lentement les yeux.

DÉSIRÉE
Ho! Mon prince! Vous êtes venu!

KNUT
Je viens vous délivrer d'un profond sommeil.

DÉSIRÉE
Mon prince. Vous m'avez sauvée. Partons·sur votre
cheval doré, emmenez-moi dans votre château.

Knut semble ailleurs.

DÉSIRÉE
Mais vous semblez bien triste, mon prince.

KNUT
Ah! Désirée. Permets-moi de mettre un frein à ces jeux que nous aimons tant, car aujourd'hui, je n'ai pas le cœur à jouer.

DÉSIRÉE
Knut, mon ami, je t'écoute, laisse parler ton cœur.

KNUT
Voilà maintenant quatre ans que ma mère te tient prisonnière de ce cachot minable qui te fait office de chambre, et je ne vois pas le jour où nous pourrons nous fréquenter sans devoir pour cela nous cacher à ses yeux.

DÉSIRÉE
Ah! Quel mystère. Je menais une existence normale, jusqu'au jour où je tachai pour la première fois de sang ma culotte. Ta mère m'a aussitôt enfermée ici à clé, m'empêchant tout contact avec les autres garçons de l'orphelinat. Déjà qu'il est si souffrant d'être orpheline, pourquoi, en plus, dois-je rester ici prisonnière, obligée de faire les travaux de couture de toute la maisonnée? Dieu merci! Tu viens me voir chaque jour pour m'apporter un peu de réconfort et de joie.

KNUT
Oui, car j'ai gardé, à l'insu de ma mère, une copie de la clé de cet ancien cabanon qui fut jadis une remise pour mes jouets. S'il fallait qu'elle l'apprenne, sa colère serait terrible, elle qui est si méchante. Quel funeste projet te concernant prépare-t-elle, te confinant dans cette chambre?

DÉSIRÉE

Cette chambre humide où j'étouffe, pleine de moisissures, engendrant de terribles complications respiratoires.

KNUT

Oui, ces horribles champignons gagnent chaque jour un peu plus de terrain. Ah! Si seulement cette brosse pouvait enrayer ces vilaines moisissures, cause de tes problèmes pulmonaires, mais cette saleté semble indélogeable.

DÉSIRÉE

Mes problèmes pulmonaires ne sont rien, Knut, à côté de la méchanceté de Madame Znutzner, ta mère, propriétaire de l'orphelinat où je vis depuis qu'il m'est donné d'avoir des souvenirs. Heureusement que tu es là, mon bon Knut, m'apportant qui du chocolat, qui un peu de miel. Et si tu n'étais pas là, qui ferait mon éducation en m'apportant lectures et cahiers d'exercices? Je serais sotte en plus d'être malade. Oh! la solitude me pèse, Knut. Mais tu t'exposes à de sévères sévices. Si ta mère te surprenait, qui sait ce qui pourrait t'arriver?

KNUT

Pourquoi suis-je né d'une mère si ignoble? Qu'avais-je à vivre ce supplice?

DÉSIRÉE

J'entends ta colère, mon ami, mais dis-toi que sans la présence fortuite de ta mère, nous n'aurions jamais fait connaissance et je n'aurais jamais pu voir à quel point tu es un véritable prince.

KNUT

Eh bien! Si je suis un prince, sois ma princesse et laisse-moi te délivrer de ce cachot subtilement déguisé en orphelinat. Eh! quoi? N'as-tu pas envie de voir le monde?

DÉSIRÉE

Oh! Knut. Dis-tu vrai? Sinon, cesse immédiatement d'attiser en moi l'espérance et le rêve.

KNUT

Partons, Désirée, partons cette nuit même. Cessons de jouer aux chevaliers, à la Belle au Bois dormant et à tous ces contes qui te font rêver, et devenons nos propres héros!

DÉSIRÉE

Oh! Je ne sais pas si le mot est juste pour décrire ce que je ressens, car c'est la première fois que je rencontre ce sentiment, mais je crois bien que j'oserai prendre le risque de te dire que je suis amoureuse de toi, Knut.

KNUT

Désirée, le mot est juste et l'intention est noble. Je t'aime aussi. Je t'aime plus que tout ce qui pourrait être aimé.

Ils chantent.

Si l'amour a un nom, c'est le tien

[KNUT]
Désirée, tu es tellement jolie

[DÉSIRÉE]
Mon aimé, c'est toi qui m'embellis

[KNUT]
Toute ma vie, je veux être avec toi

[DÉSIRÉE]
Moi aussi, et vieillir dans tes bras
T'aimer est si facile
J'aime ta peau, tes yeux, tes cils

[KNUT]
T'aimer me rend plus fort
J'aime tes mains, ta bouche, ton corps

[DÉSIRÉE]
Je serai ton offrande

[KNUT]
Nous irons en Irlande
Je te protégerai

[DÉSIRÉE]
Voudras-tu m'épouser?

[KNUT]
Oui car je t'aime

[ENSEMBLE]
Si l'amour a un nom c'est le tien
Avec toi, j'ai confiance en demain
Tu es beau
Tu es belle
Entendez notre appel
Nous voulons pour toujours
Célébrer notre amour
Notre amour

KNUT
Ce soir même, nous partirons d'ici pour toujours. Je frapperai trois coups à ta porte, afin que tu saches que c'est moi, puis j'attendrai que tu me signales que je peux ouvrir.

DÉSIRÉE
Mais attention! J'entends des pas! Oh! Voilà ta mère qui vient! Knut! Mon beau Knut! Cache-toi vite derrière le lit et prions pour qu'elle ne remarque pas ta présence.

Knut se cache derrière le lit au moment où Madame Znutzner entre, une épée à la ceinture.

MADAME ZNUTZNER
À qui parles-tu ainsi, petite sotte?

DÉSIRÉE
Je faisais mes prières, Madame.

MADAME ZNUTZNER
En voilà une naïve qui garde la foi, malgré que le reste du monde l'ait oubliée. À ta place, je renoncerais tout de suite aux prières. Ta mère même n'a pas voulu de toi et c'est dans un panier troué que je t'ai trouvée sur le pas de ma porte. S'il y avait un bon Dieu, ce genre de choses n'arriverait pas.

DÉSIRÉE
Ce n'est qu'une épreuve supplémentaire pour voir si j'ai vraiment foi en Lui.

MADAME ZNUTZNER
C'est en moi que tu devrais placer ta foi. Si tu savais comment je me démène pour te donner un semblant de dignité.

KNUT
Oh! La menteuse!

MADAME ZNUTZNER
Mais qu'entends-je?

DÉSIRÉE

Rien, Madame! C'est mon estomac qui gargouille. Vous savez que vous me donnez peu à manger.

MADAME ZNUTZNER

Eh bien! Vas-y! Dis tout de suite que je suis ingrate! Moi qui travaille sans répit pour pouvoir donner un peu de pain à ces pauvres enfants démunis.

KNUT

En en mettant la moitié dans ses poches, oui.

MADAME ZNUTZNER

Que dis-tu?

DÉSIRÉE

Rien, Madame, c'est... c'est le vent sûrement. Vous savez comme cette chambre est mal isolée.

MADAME ZNUTZNER

Bien c'est la seule dont je dispose! Compte-toi chanceuse de ne pas croupir dans le trou. Suffit! Je suis venue chercher les vêtements que tu devais repriser.

DÉSIRÉE

Ils sont ici, Madame, dans ce sac. *(Redoutant qu'elle ne découvre Knut.)* Non! Laissez-moi plutôt le faire pour vous. Vous pourriez abîmer votre pauvre dos.

KNUT

Oh! L'habile mensonge!

MADAME ZNUTZNER

Te voilà bien bonne avec moi.

DÉSIRÉE

C'est que... vous prenez si bien soin de moi, Madame Znutzner.

MADAME ZNUTZNER

Assez! Ne fais pas la maline. Je sais trop bien que tu ne m'aimes pas, alors garde tes minauderies pour toi. Bien. Je t'apporterai d'autres vêtements demain et, gare à toi, si ceux-ci ne sont pas reprisés convenablement!

Elle sort.

DÉSIRÉE

Elle est partie.

KNUT

Oh! Je fulmine, je rage! Comme j'aimerais lui faire goûter de sa médecine!

DÉSIRÉE

Calme-toi, mon cœur, la vengeance est l'apanage des faibles.

KNUT

Tu parles si bien. Tes paroles touchent mon cœur et apaisent ma colère sur-le-champ. Tu es belle.

DÉSIRÉE

Tu es beau.

KNUT

Tu sens bon.

Ils rient.

DÉSIRÉE

Est-ce ça l'amour?

KNUT

Oui. Et nous pourrons en explorer toutes les facettes dès ce soir.

DÉSIRÉE

Knut! Mon cœur palpite à l'idée que mes jours sombres sont bientôt derrière moi. Comment te remercier? Si tu me libères de ce cachot, je t'offrirai ce que j'ai de plus précieux. À notre première nuit ensemble, je te ferai don de mon corps. Mon hymen béni sera pour toi. On dit que c'est le plus beau cadeau que l'on puisse faire à celui qu'on aime.

KNUT

Oh! Désirée. Dis-tu vrai? Heureux présent! Si tu savais comme ce cadeau me remplit de joie. Je t'honorerai avec tous les égards que tu mérites : ceux de la princesse que tu es et ceux de la femme que tu deviendras alors dans mes bras.

DÉSIRÉE

Je tâcherai d'être à la hauteur.

KNUT

Tu l'es déjà.

DÉSIRÉE

File maintenant! Ta mère doit s'inquiéter de ton absence.

Ils échangent un regard rempli de tendresse et d'excitation.

DÉSIRÉE

À ce soir, mon aimé!

KNUT

À ce soir, ma princesse!

Knut sort, laissant Désirée seule. Pénombre. Désirée s'installe sur le lit, prête à partir.

33

Scène 2
Chambre de Désirée (France)

Le temps a passé, c'est maintenant la nuit. On frappe trois coups à la porte.

DÉSIRÉE, *fébrile*
Je suis prête! Entre vite!

Madame Znutzner entre, suivie d'Ingrid, Marco et Philippe.

MADAME ZNUTZNER
Ah! Mais elle est déjà debout! C'est à croire qu'elle vous attendait! C'est elle. Elle vous plaît?

INGRID
Elle est parfaite. *(Émue.)* Oh! Philippe, elle nous attendait?

PHILIPPE
J'ai toujours espéré ton retour, Ingrid. C'était mon modeste cadeau pour nos retrouvailles.

INGRID
Philippe.

MADAME ZNUTZNER
Bon. On vous dérange, les tourtereaux? Elle vous convient ou non?

INGRID
Si, si, elle est parfaite.

MADAME ZNUTZNER
À la bonne heure! Désirée, voici tes nouveaux parents. *(Pointant Philippe.)* Et voici ton parrain, qui assurait ton avenir depuis que tu es ici. Tes parents sont canadiens, ce qui te donnera une double nationalité, n'est-ce pas fantastique?

DÉSIRÉE
C'est que...

MADAME ZNUTZNER
Il n'y a pas de «c'est que», cette dame et le magicien canadien ont décidé de t'acheter... de t'adopter. Prépare-toi, tu pars sur-le-champ.

DÉSIRÉE
Mais...

MADAME ZNUTZNER
Je me suis bien occupée d'elle, Monsieur, Madame, et je peux vous assurer que personne n'est venu lui voler ce qu'elle a de plus précieux. *(À Désirée.)* Allez, ne fais pas ta chipie et dis bonjour à tes nouveaux parents.

INGRID
Cache ta joie, jeune fille. *(À Philippe.)* Paye-la, qu'on sorte d'ici. Ça pue le moisi là-dedans.

PHILIPPE
Voilà, Madame Znutzner, tel que convenu.

MADAME ZNUTZNER
À la bonne heure! Débarrassez-moi de ce fardeau maintenant.

INGRID
Philippe !

DÉSIRÉE
Je ne peux pas partir ! Je ne veux pas !

INGRID, *à Marco qui se trémousse depuis quelques instants*
Qu'as-tu, toi ?

MARCO
Ça me pique, faut que je me gratte.

INGRID
NON ! *(S'adoucissant.)* Mon chéri, rappelle-toi ta mission. N'endommage pas notre bien le plus précieux, d'accord ?

PHILIPPE
Ingrid, c'est vraiment sur ce jeune homme que tu préfères cultiver la mycose ? Pourquoi ne l'inoculerions-nous pas plutôt à cette charmante enfant ? Sa chair me semble propice pour en faire un terrain bactériologique de qualité.

INGRID
Mais bon sang ! Quelle idée de génie !

PHILIPPE
Je pourrais m'en occuper. Et ainsi, rester à ton service.

INGRID
Nous partons pour le Mexique dès demain. Philippe, tu viens avec nous et apporte tes instruments. *(À Désirée.)* Nous avons de grands projets pour toi, ma jolie. Viens avec maman…

DÉSIRÉE

Non! Non! Laissez-moi! J'ai peur! Je vous en prie, laissez-moi!

INGRID

Au revoir, Madame.

MADAME ZNUTZNER

Adieu, Désirée! (*Seule, elle compte son argent.*) Pauvre enfant. Je préfère ne pas connaître le sort exact qu'on te réserve, bien que je me doute qu'on ne t'ait pas achetée pour aller garder des moutons.

Scène 3
Chambre de Désirée (France)

On frappe trois coups à la porte.

MADAME ZNUTZNER
Mais, qui peut bien frapper à la porte de cette orpheline, et à cette heure de surcroît? Il doit y avoir une erreur. N'y prêtons pas attention.

On frappe encore.

MADAME ZNUTZNER
C'est qu'il insiste.

KNUT
Désirée, c'est moi!

MADAME ZNUTZNER
Mais pardi, je reconnais la voix de mon fils! Que manigance-t-il? Jouons le jeu, nous verrons bien si j'en saurai davantage! (*Imitant Désirée.*) Oui?

KNUT
Dis-moi seulement si tu es prête.

MADAME ZNUTZNER
Mais bien sûr!

KNUT
Partons vite, tandis qu'il n'y a personne!

*Knut ouvre la porte et tombe nez à nez
avec madame Znutzner.*

KNUT

Mère! Que faites-vous dans la chambre de Désirée à
cette heure?

MADAME ZNUTZNER

Et toi, que fais-tu encore debout?

KNUT

Où est-elle? Où est ma promise?

MADAME ZNUTZNER

Ta promise? Explique-moi d'abord comment tu oses
t'approcher d'ici, alors que je te l'ai interdit.

KNUT

Mère, où est Désirée?

MADAME ZNUTZNER

Que veux-tu savoir de plus, jeune effronté? Désirée a
été vendue. Va te coucher, il est tard.

KNUT

Vendue? Mais de quel droit?

MADAME ZNUTZNER

Va te coucher, j'ai dit!

KNUT

Mère!

MADAME ZNUTZNER

Tu vas m'obéir petit morveux ou tu tâteras de mon
épée.

KNUT
Ah ça! Parlons-en de cette épée. Elle me revient de droit, Mère, ne le niez pas, héritage que mon défunt père m'a légué, mais que vous arborez fièrement pour me narguer, refusant de me donner mon dû. Mais votre insolence précipite la fin de ma patience, c'est aujourd'hui que je la réclamerai.

MADAME ZNUTZNER
Ah! oui? Et pourquoi ça?

KNUT
Parce que, par votre acte indécent, me voilà investi d'une mission dont je ne peux ignorer l'appel. Désirée a besoin de moi. J'irai la chercher.

MADAME ZNUTZNER
Pauvre idiot. Ce n'est sûrement pas de moi que tu as hérité cette naïveté puérile. Comment comptes-tu te rendre au Canada, petit? À cheval sur ton épée?

KNUT
Il suffit! Vos railleries ne font qu'attiser ma colère. Donnez-moi cette épée et laissez-moi partir.

MADAME ZNUTZNER
Minable rejeton! Embarras! Si tu veux cette épée, il faudra que tu viennes la chercher toi-même.

Une altercation a lieu dont Knut sort victorieux, laissant madame Znutzner par terre.

MADAME ZNUTZNER
Ah! Voilà! Tu as eu ce que tu désirais maintenant? Tu as jeté ta mère au sol. C'est comme ça que tu me remercies de t'avoir donné la vie?

KNUT

J'ai une mission, Mère, et ce n'est pas votre chantage émotif qui apaisera le feu qui motive mes actions.

MADAME ZNUTZNER

Si ta mission c'est de malmener ta mère, c'est le feu au cul que tu iras au trou, dès ce soir et pour toute la semaine!

KNUT

Ne jugez-vous pas que vous êtes dans une bien fâcheuse posture pour me menacer de la sorte? Dès à présent, je renie la parodie de mère que vous fîtes semblant d'être pour moi, empruntant plutôt le costume d'une marâtre honteuse. Je ne suis plus votre fils, Madame.

MADAME ZNUTZNER

C'est ça, va-t'en, ridicule imitation de prince charmant. Va alimenter ton orgueil de jeune coq en te donnant l'illusion de sauver le monde.

KNUT

Mère, gardez votre salive pour le jour où vous me demanderez pardon. D'ici là, j'ai besoin de me rendre au Canada. Donnez-moi l'argent.

MADAME ZNUTZNER

Quoi?

KNUT

Vous m'avez bien entendu. Cet argent ne vous appartient plus.

MADAME ZNUTZNER

À l'aide! Au secours!

41

*Knut pointe l'épée sous la gorge de sa
mère pour la faire taire. Après un temps
en silence, il la retire.*

KNUT

Non. Cette épée n'est pas destinée à être souillée de
votre sang. Ne me faites pas débuter cette quête par
un matricide. L'Histoire n'a pas besoin de votre mort,
mais elle ne souffrirait certainement pas de votre
rédemption. Donnez-moi l'argent.

*Maugréant, elle lui donne l'argent à
contrecœur.*

MADAME ZNUTZNER

Tiens, polisson, mais sois maudit!

KNUT

Regardez-moi bien dans les yeux, Madame Znutzner.
Même si le respect que j'ai pour vous s'amenuise
comme neige au soleil, pardonnez votre enfant de
l'affront qu'il vous fait à l'instant, en vous humiliant
de la sorte. Ma colère est encore trop grande pour
ne voir en vous autre chose qu'une pâle caricature
de mère, mais ma jeune sagesse me permet déjà de
voir qu'un jour, je vous serai reconnaissant d'avoir été
l'étincelle qui fit jaillir en moi la puissante nécessité
de devenir un homme. Partez maintenant.

MADAME ZNUTZNER

Garnement non désiré! Que ce voyage soit ton dernier et te fasse rencontrer les pires démons! Que
l'avion qui t'y mène soit ton tombeau! Que cet argent
soit damné et qu'il te brûle les mains et la raison!

Elle quitte, folle de rage et humiliée.

KNUT

Adieu, Mère. Le Canada m'attend. *(D'un geste solennel, il remplace sa brosse à récurer par l'épée qu'il enfile à sa ceinture.)* Me voici, Désirée. Console-toi et apaise ton âme, en sachant que je suis déjà sur le chemin pour te retrouver. *(Au ciel.)* S'il y a des anges qui veillent autour de Désirée entendez ma prière. Protégez celle que j'aime et donnez-moi la force de vaincre les obs-tacles qui s'interposeront entre moi et mon désir. Je te retrouverai, Désirée, ma belle, ma tendresse. Mon amour.

Premier mouvement,
Troisième partie

Scène 1
Caveau humide (Mexique)

Philippe travaille sur Désirée comme s'il s'agissait d'un objet de laboratoire. Celle-ci est ligotée.

DÉSIRÉE
Bien que j'aie réalisé rapidement que l'on ne m'eût pas adoptée, mais bien enlevée, que vous ne seriez pas le parrain que j'espérais, que cette femme médisante et ce magicien calomnieux ne soient pas et ne seront jamais mes parents; bien que vous m'ayez emmenée ici, dans ce caveau humide, au Mexique, dans un but dont je ne saisis pas encore toute la teneur, mais dont les objectifs me semblent malsains; bien que vous m'ayez inoculée ce virus que mon intelligence — malgré mon jeune âge, pourriez vous dire — a su déceler comme étant maléfique; et bien que des démangeaisons atroces soient survenues rapidement après la dite inoculation, ce qui vous a forcé à me ligoter, afin que les excroissances horribles qui commencent à habiter mon corps et à parcourir ma peau juvénile ne soient pas détruites ou abîmées par ma volonté inéluctable de me gratter; bien que, consciente de mon sort et du destin funeste qui semble me guetter, sachez, Monsieur, que je reste forte et que je ne croirai jamais que les gens de votre espèce gagneront à ces jeux malheureux.

PHILIPPE

Je ne sais pas si c'est à moi que vous parlez, Mademoiselle, mais je ne vous écoute pas vraiment.

DÉSIRÉE

Que me faites-vous ? Vous me faites mal !

PHILIPPE

Si vous bougiez moins, ma tâche serait plus facile. Voyons voir. *(Il prend un échantillon du corps de Désirée qu'il va regarder au microscope.)* Fantastique. L'ingrédient actif de la mycose de Monsieur Marco semble bien réagir à votre organisme. *(Satisfait.)* Détendez-vous, votre travail est terminé. Nous n'avons plus qu'à nous fier à l'intelligence du champignon et à laisser le parasite faire son œuvre.

DÉSIRÉE

Mais ça me pique !

PHILIPPE

Ce léger inconfort n'est rien à côté des lancinants élancements qu'un champignon mal cultivé pourrait occasionner à votre jeune épiderme. Faites-moi confiance. Tout comme la viande animale est meilleure si la bête n'est pas contractée lorsqu'elle est abattue, le champignon donne le meilleur de lui-même s'il est cultivé sur un terrain favorable à son développement. Alors...

DÉSIRÉE

Mais ça pique quand même.

PHILIPPE

Pour le moment, oui. Mais pas éternellement. Car le champignon est un organisme intelligent, jeune fille. Il sait être parasite sans devenir fatal pour l'hôte qui l'héberge. Un peu comme Ingrid a fait avec moi, finalement. Elle a su tirer le meilleur de moi, sans m'épuiser totalement. Ah! Il faut que l'amour soit dupe pour que je m'engage à la servir comme je le fais. Mais bon...

DÉSIRÉE

Monsieur, ça me pique.

PHILIPPE

Ce n'est qu'une question de temps avant que les démangeaisons ne cessent. Rappelez-vous ceci, Mademoiselle, le parasitisme est essentiellement une vie commune. Et je vous assure que les champignons deviendront rapidement plus sympathiques à vos yeux. Vous deviendrez même amis, si je puis m'exprimer ainsi. Amie des champignons. Comme moi.

DÉSIRÉE

Vous êtes fou.

PHILIPPE

Je suis fou des champignons, ça oui, Mademoiselle. Il y a une telle poésie en eux. Écoutez comment on les appelle! Aucune autre espèce végétale ne s'est vu attribuer de si beaux noms. Le champignon sait se faire tour à tour : mystérieux (beurre-de-sorcière, ganoderme luisant), animal (amanite panthère, vesse-de-loup hérisson) ou encore horrible (lactaire répugnant, satyre puant) et très souvent... érotique (clitopile petite prune, truffe rousse, lactaire à toison, polypore en touffe, amanite vaginée, clytocibe couleur de miel, hydne à odeur suave). Hmmm! Et combien d'autres encore...

Scène 2
Discothèque (Mexique)

Musique d'ambiance. Ingrid est seule. MOI
arrive avec trois verres et s'approche d'elle.

MOI
Et voilà! *(Portant un toast.)* Aux voyages!

INGRID
Aux voyages.

MOI
C'est quoi déjà ton petit nom?

INGRID
C'est sans importance.

MOI, *cherchant Marco*
Ton chum est parti?

INGRID
Il est parti se gratter, oui.

MOI
...

INGRID
Mais ce n'est pas mon chum, c'est mon amant.

MOI
OK. *(Un temps. Séduction.)* En tout cas, je te dis que y
a pas moyen de passer incognito, même au Mexique!

INGRID
...

MOI
Y m'a reconnu! Marco. C'est pour ça qu'y est venu me voir.

INGRID
J'avais compris, oui. Moi aussi, je t'ai reconnu.

Un temps.

MOI
Qu'est-ce que vous faites au Mexique?

INGRID
De l'ethnologie.

MOI
Ah! Moi aussi, dans un sens.

Une pièce musicale envoûtante commence.
Philippe chante.

MOI
Viens-tu danser?

Chanson de Philippe

Russule charbonnière
Agaric des jachères, amanite solitaire
Oreille-de-chardon
Clavaire en pilon, lactaire à toison
Bolet granulé
Galère marginée, paxille enroulé
Hydne rameux

Lactaire délicieux, cortinaire muqueux
Morille vulgaire, russule amère
Amadouvier, coprin plissé
Hygrophore des poètes, clavaire à crêtes

*MOI entraîne Ingrid sur la piste de danse
et fait le paon. Elle le regarde faire, amusée,
puis, accepte de jouer le jeu de la séduction.
Marco arrive, tente de s'intégrer, mais
se retrouve vite en carafe. La danse se
termine alors qu'Ingrid entraîne MOI et
Marco à l'extérieur du bar, pour une nuit
qu'on devine endiablée.*

Scène 3
Caveau humide (Mexique)

Le corps de Désirée est maintenant couvert de champignons que Philippe cueille délicatement.

DÉSIRÉE

Étonnamment, je dois vous donner raison, je n'ai plus aucune démangeaison.

PHILIPPE

Je suis un professionnel, Mademoiselle.

DÉSIRÉE

Je devrais trouver mon corps répugnant, mais ce n'est pas le cas.

PHILIPPE

Étonnant, en effet. En apprenant à connaître les champignons, on finit par les trouver tous très jolis.

DÉSIRÉE

C'est étrange. Même si la situation dans laquelle je suis est terrible et sans issue, je me sens tout de même calme. M'avez-vous droguée?

PHILIPPE

Non, mais vous commencez peut-être à sentir les effets du psilocybe dans votre organisme. Tout comme le mycélium envahit la terre afin de donner le jour au fruit que l'on nomme champignon, votre organisme entier doit être présentement parcouru de ces mystérieuses racines.

Ingrid entre en coup de vent.

INGRID
Philippe! C'est ce soir que nous procéderons. *(Voyant Désirée.)* Oh! Comme elle est belle.

PHILIPPE
Merci.

INGRID, *arrachant des mains la récolte que Philippe vient de faire*
Il faut faire vite, il commence à y avoir des éléments parasitaires autour de nous. Le champignon attire les prédateurs, la puissance de son énergie commence à irradier.

PHILIPPE
Soit. Tout sera prêt, Ingrid.

INGRID
Prenez votre portion de champignon juste avant de venir. Arrive avec la jeune fille à minuit pile. Qu'elle soit propre et prête.

DÉSIRÉE
Qu'allez-vous me faire?

INGRID, *toujours à Philippe*
Marco et moi nous les mangerons sur place, puis, vous m'aiderez à immobiliser la petite tandis que je procéderai. Après cela, je n'aurai plus besoin de Marco. Il faudra songer à s'en débarrasser également.

(Montrant un silex à Désirée.) Tu vois cet objet ? Je l'ai acheté au conservateur du British Museum. Il a plus de six cents ans. C'est un véritable couteau qui a autrefois servi pour de nombreux sacrifices humains, ici même à Teotihuacán. *(S'emportant.)* Alors que le grand serpent à plume, le Quetzalcóatl semblait parti pour toujours, moi, je sais qu'aujourd'hui, il reviendra pour moi, grâce à moi, en moi ! C'est moi le serpent ! La conjoncture est parfaite et je m'incarnerai, être de chair, de plumes et de vent. On m'appellera Teonanácatl, je serai fondatrice du sixième soleil, le nouveau monde sera sous ma tutelle !

Sous l'emprise mycologique du psilocybe wassonii, te sacrifiant à l'autel des milles sacrifiés, soûlant les marches de la pyramide de ton sang virginal, je donnerai enfin aux dieux ce qu'ils attendaient depuis si longtemps. Et en cela, j'accéderai au pouvoir suprême, à la connaissance divine, au monde des morts même, au royaume des animaux aussi, aux cercles des esprits et à la trinité du temps ! L'histoire ne se souviendra pas de ton nom, mais c'est toujours comme ça. Combien de noms oubliés pour qu'on se souvienne d'un Adolf Hitler, d'un Pol Pot ou d'un Pinochet par exemple ? Hein ? Nomme-moi un seul des millions d'êtres humains qu'ils ont exterminés. Un seul. *(Un temps.)* Mis à part Anne Frank, oui. Bon. Pourquoi alors vouloir être dans le camp des perdants, des faibles, des victimes ? Si l'Histoire doit se souvenir d'un nom, que ce soit le mien : Ingrid Myklos ! ! !

Elle part en riant, démoniaque.

DÉSIRÉE
Je ne me sens pas bien soudainement. J'ai peur.

PHILIPPE

La peur ne vous servira à rien. Des milliers de sacrifiés aztèques vous ont précédée dans l'épreuve.

DÉSIRÉE

Monsieur...

PHILIPPE

Allons, Mademoiselle, soyez fière de contribuer à la
grande marche de l'Histoire. Tenez-vous droite devant
le défi.

DÉSIRÉE

Monsieur, si vous savez comment me convaincre que
vous vous tenez droit devant vos propres défis, alors je
me tiendrai droite. Si vous pouvez me dire dans quelle
condition votre propre fierté s'exprime, alors je serai
fière à mon tour. Et si vous pouvez m'assurer que
rien en vous n'est ébranlé lorsque vous questionnez
la pertinence de vos actes, alors je ne serai pas ébran-
lée. Mais permettez-moi de douter de la noblesse de
votre cause. *(Elle commence à pleurer dignement.)* Et
si, à travers mes larmes, je ne vois pour l'instant que
désolation et accablement, je peux tout de même af-
firmer que je crois encore au pouvoir de la vie et qu'il
est bien triste de lui faire injure comme vous le faites.
Utopie! Cruelle injustice!

Les larmes de Désirée coulent à flots.
Philippe, dans un élan mystique, s'abreuve
à ses larmes et sur le coup, se transforme,
comme illuminé par une compréhension
absolue des choses.

PHILIPPE

Vos larmes vous ont sauvée d'une funeste destinée,
Mademoiselle, et de boire à même votre pureté m'a
ouvert les yeux. Vous avez raison, je ne cesse de taire

les voix qui m'invitent à être moi-même. Vous avez encore tout à vivre, alors que moi, j'ai tout à mourir, puisque j'ai déjà cessé de vivre. *(Il prend la clé qui servait à verrouiller le caveau et l'avale.)* Que ma fin soit votre commencement. Adieu.

Il quitte, laissant Désirée seule, attachée.

Scène 4
Terrasse (Mexique)

Marco et MOI consultent le menu. MOI est encore un peu « lendemain de veille ». Marco semble avoir la tête ailleurs.

MOI
Ingrid... a voulait pas venir déjeuner avec nous autres ?

MARCO
Non, elle avait des courses à faire. Pour... des courses, là.

MOI
Fa que tout est correct pour hier ?

MARCO
Oui, oui.

MOI
T'es sûr ?

MARCO
Oui, oui. C'est tout correct.

MOI
C'était le fun...

MARCO
Mh Mh.

MOI
Est tu toujours comme ça avec toi?

MARCO
Hein?

MOI
Est tu toujours... tu te fais souvent attacher pis toutte?

MARCO
Heu... oui.

MOI
C'est comme des petits jeux que vous faites?

MARCO
C'est ça.

MOI
Pis t'aimes ça?

MARCO
Plus ou moins.

Un temps.

MOI
T'es... t'es équipé en tout cas.

Un temps.

MOI
Fa que comme ça, t'es magicien?

MARCO
Mh.

MOI

Tu connais-tu la joke de la fille qui dit à son chum : «Chéri, je trouve qui manque de magie dans notre couple.» Fa que y répond : «Ben, c'est ça, disparaît.»

Flottement.

MOI

Comme ça, t'as trippé sur mon livre de recettes ?

MARCO

Oui. J'avais… y fallait que je mange des champignons, oui.

MOI

Pis ?

MARCO

C'est correct, là, j'ai pu besoin d'en manger.

MOI

Non, je veux dire, pis, mes recettes ?

MARCO

Ah! Super! Super! Je prends des antibiotiques maintenant.

MOI

OK…

MARCO, *décidé*

Bon… hier soir, quand tu me disais que tu cherchais à faire du *mush*, c'était tu vrai ?

MOI

Ben! Je suis venu ici juste pour ça!

MARCO

OK. Je pourrais t'arranger quelque chose, je pense.

Scène 5
Pyramides (Mexique)

Ambiance mystérieuse et sacrée. Ingrid, vêtue en prêtresse, s'avance au pied des pyramides, psalmodiant dans une langue inconnue. Elle transporte un plateau dans lequel se trouvent les champignons. Elle est suivie de Marco, à qui elle donne un poncho et un masque rituel, puis commence une série de gestes obscurs.

MARCO, *se trémoussant*
Faut que j'aille pisser, je reviens tout de suite.

Elle continue son travail tandis qu'on voit Marco rejoindre MOI, non loin de là. Marco enlève son poncho et son masque qu'il donne à MOI.

MARCO, *chuchotant*
OK, ça marche. Là, tu mets ça, pis tu dis pas un mot.

MOI
C'est trop hot. Je t'en dois une, toi.

MARCO
C'est ça. Aussitôt que t'as fini de manger les champignons, fais semblant que tu veux aller pisser encore, pis viens-t'en ici. Pis… chut!

Marco pousse MOI vers Ingrid. MOI s'approche, silencieux, habillé et masqué, de telle sorte qu'on ne puisse voir son visage. S'étant assuré que la supercherie fonctionne, Marco s'éclipse. Ingrid invite son partenaire à prendre place. Recueillement. Elle partage les champignons. Puis, à l'aide d'un instrument de musique rudimentaire, elle donne le signal pour que Philippe emmène Désirée.

INGRID
Qu'on emmène la jeune vierge !

Un temps. Elle appelle encore à l'aide de l'instrument, avec moins de grâce cette fois-ci.

INGRID
Ben voyons !

Elle se lève. C'est le moment que choisit Philippe pour arriver, seul, tranchant avec l'attitude cérémonielle d'Ingrid.

INGRID
Qu'est-ce que tu fous, imbécile ?

PHILIPPE
Tu t'impatientes, Ingrid ? Ce ne sont pas les dispositions idéales pour laisser parler le champignon.

INGRID
Va chier, Philippe. Que se passe-t-il ? Pourquoi tu n'es pas avec la fille ?

PHILIPPE
La petite est restée dans le caveau, en sécurité.

INGRID
Tu délires.

PHILIPPE
C'est toi qui vas délirer bientôt, si je ne me trompe pas. J'ai tout compris en voyant comment la petite réagissait à la plante. Tu n'auras pas sa pureté.

INGRID
Qu'est-ce que tu viens de dire?

PHILIPPE
Nous ne méritons pas de détruire son innocence.

MOI, perplexe devant cet échange, préfère se retirer, partant à la recherche de Marco.

INGRID
Mais pour qui tu te prends pour décider de ce que je mérite ou pas? Nous avions un plan, Philippe, un plan! C'est pas vrai, mon tabarnak! Mon gros criss de minable! Est où la petite garce?

PHILIPPE
Dans le caveau, je t'ai dit.

INGRID
Donne-moi la clé... tout de suite.

PHILIPPE
Avalée.

INGRID
J'vas t'arracher la tête, mon sacrament!

61

PHILIPPE
Tu sais bien que j'aimerais trop ça, mon amour.

Ingrid, folle de colère et sous l'emprise grandissante des champignons, assène un coup du manche de silex sur le crâne de Philippe qui titube.

INGRID
Ahhhhh!

PHILIPPE
Ah! oui! Enfin! Frappe-moi, mon amour, frappe-moi comme au premier jour.

INGRID
Ta gueule! Ferme ta crisse de gueule sale!

Ingrid continue de malmener Philippe qui agonise sous les coups répétés du silex. Elle lui saute maintenant à la gorge.

PHILIPPE, *étouffant*
Encore. Merci, merci. Tue-moi… Ingrid.

Il tombe au sol. Elle le chevauche et le lacère avec ses ongles en hurlant à la lune. Un temps. Philippe a rendu l'âme. Ingrid tente de reprendre ses sens, mais y arrive difficilement. Elle tire alors le corps de Philippe vers elle, le regarde un instant, puis prend son silex et lui ouvre la poitrine. Elle en extirpe le cœur encore fumant, l'offre au ciel avec mépris : ce n'est pas le sacrifice qu'elle voulait faire. Au comble de sa rage, elle plonge ses mains à l'intérieur du cadavre pour essayer d'y

*trouver la clé, déchirant les entrailles avec
le couteau, puis avec ses dents.*

*Accroupie au pied de Philippe, animale,
les mains fouillant dans les viscères de
son ancien mari, elle le dissèque à présent
avec minutie, portant à sa bouche certains
morceaux qui dégoulinent de sang. En
transe, sous l'emprise des champignons,
elle mange Philippe dans un festin
cannibale imprévu.*

*Puis, comme dans un rêve, Pan quitte
le rôle de Philippe, se lève et s'approche
d'un micro, pour y faire un exposé sur
la psilocybine. MOI s'approche et ouvre
un écran à diapositives sur lequel sont
projetées des images servant à appuyer la
conférence du professeur Pan. Tandis que
MOI quitte tranquillement le monde de la
raison, le professeur Pan fait son exposé.*

PROFESSEUR PAN
La psilocybine, le principe actif du champignon hallucinogène, fut isolé la première fois en 1958, par
Albert Hofman. On la retrouve dans les champignons
de la famille des psilocybes, des conocybes, des *Stro-
pharia* et des *Panæolus*.

Elle provoque des altérations de la perception des
couleurs, du temps et de l'espace, donne au sujet
l'impression que les objets sont vivants et respirent,
et lui fait vivre des distorsions de la perception de son
image corporelle.

Pris dans un contexte approprié et dans un état
intérieur propice, l'expérience hallucinogène peut

offrir des propriétés enthéogènes, c'est-à-dire qu'elle donne au sujet l'impression de vivre une expérience cosmique ou profondément mystique. Le sujet a, par exemple, l'impression de se connaître, de fusionner avec l'univers et de «percer les mystères de la vie».

Les mystères de la vie.
Les mystères.

La prise d'une dose trop forte peut entraîner ce que l'on appelle «un mauvais voyage» ou *bad trip*. Certains sujets ont alors l'impression qu'ils perdent leur identité et que la réalité n'existe pas. Cet état peut entraîner l'hyperthermie ainsi que l'hypertension, des arythmies cardiaques, un vasospasme central pouvant provoquer une privation de l'apport en oxygène au cerveau, des convulsions ou le coma.

Pendant un moment, la scène elle-même semble être une grande hallucination, puis tout devient noir.

Scène 6
Pyramides (Mexique)

*Au petit jour, Marco dort en haut de
la pyramide. Ingrid s'avance, fragile
et titubante, couverte de sang, à sa
recherche. Lorsqu'elle le voit, elle le secoue
sans ménagement.*

INGRID, *essoufflée*
Marco! Réveille-toi! T'étais où, innocent? Qu'est-ce
que t'as fait?

*Celui qui paraît être Marco semble
difficile à extirper du sommeil.*

MOI-DEVENU-MARCO
Quoi? Qu'est-ce qui se passe?

INGRID
Marco, tout a merdé.

MOI-DEVENU-MARCO
Ingrid! C'est quoi ces champignons-là, c'était ben
fort!

INGRID
Arrête, Marco. Lève-toi. Y faut partir d'ici au plus
vite.

MOI-DEVENU-MARCO
Attends une minute, là. Qu'est-ce qui se passe?

INGRID
Marco! Viens-t'en, j'ai dit.

MOI-DEVENU-MARCO
Non, non! Ingrid, c'est MOI. Tu me reconnais pas?
J'ai pris la place de Marco, hier.

INGRID
Arrête.

MOI-DEVENU-MARCO, *regardant ses mains*
Attends minute, là.

INGRID
Marco! Ça suffit! *(Soudainement vulnérable.)* J'ai besoin de toi.

MOI-DEVENU-MARCO
J'suis pas Marco. J'suis où, moi?

Ingrid prend un temps, comme pour vérifier dans son regard si quelque chose cloche vraiment.

INGRID
Ici, Marco, au Mexique... sur les pyramides.

MOI-DEVENU-MARCO
Non! Moi! Marc-Olivier Iglesias! MOI!

INGRID
...

MOI-DEVENU-MARCO
Qu'est-ce que j'ai pris? J'suis pas Marco. Y m'a fait manger à sa place! Y est où l'écœurant? *(Il regarde encore ses mains, touche son visage et observe ses vêtements.)* J'suis où, moi?

INGRID, *le giflant*
Marco, c'est assez! Réveille-toi!

MOI-DEVENU-MARCO
J'suis pas Marco! J'suis MOI. J'suis MOI!!

*Il panique, Ingrid s'impatiente et secoue
Marco.*

INGRID
Arrête! Arrête!

MOI-DEVENU-MARCO
Lâche-moi!

*Elle le secoue encore. MOI-devenu-Marco
résiste.*

MOI-DEVENU-MARCO
Lâche-moi, ostie de folle!

*Il se débat et repousse Ingrid qui perd pied,
trébuche et tombe en bas de la pyramide.
Ses yeux paniqués nous indiquent qu'elle
comprend que cette chute sera fatale. Un
temps. Au pied de la pyramide, le corps
d'Ingrid gît tandis que Moi-devenu-
Marco regarde à nouveau ses mains, puis
autour de lui, cherchant un endroit pour
agripper sa raison défaillante. Comme si
le sol se dérobait sous ses pieds, il tombe à
genoux, défait.*

MOI-DEVENU-MARCO, *hurlant à mort*
NONNNNNNN!

PAN
Comme il est mystérieux de vivre. Comme il est fascinant ce mystère, nous propulsant dans des situations

incompréhensibles, nous catapultant dans le vide. Mais n'est-ce pas ainsi que nous vivons? L'existence n'est-elle pas une longue chute dans le vide? Si seulement nous pouvions oser faire cette chute en toute conscience. Nous laisser tomber dans le vide, mais avec les yeux ouverts.

Il médite un instant cette idée.

PAN
Fin du premier mouvement.

Ingrid se relève et quitte la scène. Moi-devenu-Marco également. MOI entre et s'installe dans un lit d'hôpital. Quand tout semble prêt pour la suite des choses, Pan annonce le second mouvement.

PAN
Deuxième mouvement.

Deuxième mouvement
Première partie

Scène 1
Hôpital (Québec)

Docteur Pan fait entrer MOI-devenu-Marco dans la chambre.

DOCTEUR PAN

Votre ami est ici.

Sur un lit d'hôpital, MOI repose dans un coma profond, mais arbore en même temps une glorieuse érection qu'on peut facilement deviner à travers les couvertures.

MOI-DEVENU-MARCO

Oh! Y est bandé?

DOCTEUR PAN

Il est en érection, oui, mais on ne comprend pas pourquoi.

MOI-DEVENU-MARCO

Qu'est-ce vous voulez dire?

DOCTEUR PAN

C'est une forme de priapisme très rare. Il peut arriver qu'un comateux vive des épisodes érectiles, mais depuis que son corps a été rapatrié au Québec, il est en érection constante.

MOI-DEVENU-MARCO
C'est grave.

DOCTEUR PAN
Ça pourrait le devenir. Pour le moment, on se contente de lui administrer des calmants légers et de faire des compresses de glace sur la verge, un genre de réfrigération cutanée pelvienne, si vous voulez. L'urologue devait passer le voir, mais il est débordé.

MOI-DEVENU-MARCO
Est-ce qu'il y a des risques?

DOCTEUR PAN
Pour lui, oui. À moins que… vous êtes ensemble?

MOI-DEVENU-MARCO
Non, non, c'est pas ça! C'est capoté.

DOCTEUR PAN
Bon… je vous laisse… seuls.

MOI-DEVENU-MARCO
Docteur! Heu… y est pas dans le coma, y est dans moi. J'veux dire, j'suis lui. J'suis pas dans le bon corps, vous comprenez? On a fait du *mush* au Mexique, pis j'sais pas, c'était trop fort, ça mal viré, pis on a comme changé de corps. Là, chu dans le corps de l'autre gars, vous comprenez? Mais moi, je veux revenir dans mon corps. Comment… qu'est-ce qu'y faut que j'fasse?

DOCTEUR PAN
Vous voulez dire que vous avez permuté d'identité corporelle?

Oui!

MOI-DEVENU-MARCO

DOCTEUR PAN, *perturbé par le récit, mais cherchant à ne pas précipiter un diagnostic de maladie mentale qu'il serait facile de faire*
Donnez-moi un petit instant, s'il vous plaît.

Il quitte.

MOI-DEVENU-MARCO, *s'adressant à son corps comateux*
Marco! C'est MOI! Ça marche pas pantoute, là. J'sais pas ce que t'as fait, mais c'est pas correct. Tu t'réveilles au plus câlisse, pis tu m'expliques comment faire pour qu'on retrouve nos corps. Pis débande pour l'amour du Christ! C'est pas vrai, c'est pas vrai. (*Il le brasse un peu.*) Marco! Regarde-moi! Chu dans ton corps! Ça marche pas, là.

Le médecin revient.

DOCTEUR PAN
Monsieur.

MOI-DEVENU-MARCO, *en état de choc*
Y a pris mon corps! J'veux rentrer dans mon corps!

DOCTEUR PAN
Par ici, S.V.P.

MOI-DEVENU-MARCO
Chu pas fou! Chu pas fou!

MOI-devenu-Marco sort. Pan enlève les artifices faisant de lui un docteur pour se transformer peu à peu en un nouveau personnage.

71

PAN

Que reste-t-il de soi aux yeux des autres quand nous ne portons plus la même enveloppe ? Seul, abandonné dans une mer agitée en pleine nuit, MOI-devenu-Marco cherchait un rivage où poser le pied. Mais la terre ferme se dérobait partout où il allait. Pris pour un fou par la médecine traditionnelle, rejeté à son travail, incompris par sa famille, sans repères et sans supports, MOI n'existait plus. Mais ! S'il est un cadeau que procure le désespoir, c'est bien de nous permettre d'accepter la plus improbable des idées comme étant potentiellement source de solution.

Tandis qu'il parle, Marie entre et installe la salle de groupe. Lorsqu'elle a terminé, elle s'approche de Pan. Celui-ci se transforme alors en Hongo, un guérisseur chilien, et s'adresse maintenant à Marie.

HONGO

Tu sais, il peut toujours arriver un miracle au coin de la rue, si tu veux. Il suffit que tu dises «Oui» au miracle.

MARIE, *amusée et charmée*

Oui.

Scène 2
Salle de groupe (Québec)

MOI-devenu-Marco arrive, un dépliant en main, comme s'il cherchait une adresse. Voyant que Hongo est occupé, il reste à l'écart, attendant son tour de lui parler. Lorsque Marie et Hongo terminent leur échange, la jeune fille se retourne et, voyant MOI-devenu-Marco, émet un petit cri de surprise.

MARIE
Papa!

Un temps. MOI-devenu-Marco regarde derrière lui.

MARIE
Papa!

MOI-devenu-Marco reste coi.

MARIE
Papa, c'est moi, Marie. J'ai pas changé tant que ça, là!

MOI-DEVENU-MARCO
Oh!

MARIE, *à Hongo*
C'est mon père, c'est fou, hein?

HONGO
Tu as dit «oui» au miracle, toi!

MOI-DEVENU-MARCO
...

MARIE
Tu m'as pas reconnue?

MOI-DEVENU-MARCO
Non... c'est ça. Écoute, j'voudrais pas te décevoir, mais...

MARIE
J'ai pas changé tant que ça.

MOI-DEVENU-MARCO
J'sais... je sais pas comment te dire ça.

MARIE
Je m'ennuie de toi.

Un temps.

MOI-DEVENU-MARCO, *capitulant et choisissant le mensonge*
Moi aussi.

MARIE
Qu'est-ce que tu fais ici?

MOI-DEVENU-MARCO
Je... j'viens pour la thérapie... Y a une thérapie de groupe ici...

MARIE
Han!? Avec Hongo!? C'est ben le fun! Y est écœurant, tu vas voir.

74

MOI-DEVENU-MARCO
Tu le connais ?

MARIE
Ça fait deux séances que j'fais. Chu venue le voir pour toi. Ben, pour comprendre toi... toi pis moi... pis, pourquoi que maman a t'aime pu, pis... ben comprendre toute notre famille, là... c'est capoté que tu sois là !

MOI-DEVENU-MARCO
OK. Ben oui.

MARIE
Toi, tu le connais de où ?

MOI-DEVENU-MARCO
Ah, j'ai fait le tour pas mal, là. J'ai essayé toutes sortes d'affaires, pis là, chu rendu ici...

MARIE
C'est vrai ?

MOI-DEVENU-MARCO
Oui. Oui. J'ai fait de la guérison holistique, de la biologie totale, des affaires de même.

MARIE
OK.

MOI-DEVENU-MARCO
Ouain. J'ai bercé ma colère, craché mon enfant intérieur, demandé pardon à la terre-mère, tu comprends...

MARIE
T'es drôle.

MOI-DEVENU-MARCO
Mais y a rien qui a vraiment marché.

MARIE
Tu vas voir, Hongo il va t'emmener tout de suite à la bonne place.

MOI-DEVENU-MARCO
J'espère. J'espère... Bon! Ça m'a fait plaisir de te rencontrer... Marie.

MARIE
On peut tu se parler bientôt? J'ai plein d'affaires à te dire, j'ai compris plein d'affaires.

MOI-DEVENU-MARCO
OK.

MARIE
J'vas t'appeler, OK? On en parlera pas à maman tout de suite. A va pas super bien... a perdu son nouveau chum. André. Y est mort.

MOI-DEVENU-MARCO
OK.

MARIE
Mais... Ah! Chu trop énervée!

MOI-DEVENU-MARCO
Heu... regarde, on va arrêter de... je suis pas...

Marie l'interrompt en lui donnant un baiser.

MARIE
J't'aime! Ben... je pense que j't'aime. Ah! Chu trop contente de t'avoir vu! Bye, papa!

*Comme un tourbillon qui passe et
disparaît en même temps, Marie s'en va,
joyeuse, et laisse MOI-devenu-Marco en
plan, stupéfait.*

HONGO, *comme une évidence*
Toutte est dans toutte.

Scène 3
Salle de groupe

Musique thème de HONGO. Les autres participants de la thérapie arrivent, s'embrassent, s'étreignent très très fort, font des étirements, dansent, parfument l'air d'huiles essentielles, etc. Quand la musique cesse, tous les participants prennent place en cercle.

HONGO

Bon! Alors... bienvenue tout le monde. Merci d'être ici. Ce matin, je suis arrivé ici en me disant que la vie était bien faite. On n'a rien à faire et les choses se passent. C'est fantastique. Par exemple, je venais de terminer un groupe avec une jeune fille à propos de son papa. Elle venait de comprendre, après toutes ces années, qu'il fallait qu'elle arrête de croire sa mère et qu'elle aille parler directement à son papa, parce qu'ils ne se voient plus depuis longtemps. Et dix minutes après, qui arrive? Son papa! *(Il pointe MOI-devenu-Marco que les autres participants regardent.)* C'est fantastique, c'est un hasard fabuleux.

Mais il y a plus fabuleux que ça aujourd'hui! Je viens de lire vos lettres qui expliquent pourquoi vous êtes ici, ce que vous voulez guérir, c'est très beau, comme toujours, c'est très touchant, ce sont de belles histoires. Tragiques, mais belles. Et aujourd'hui, j'ai lu la lettre d'un participant qui m'explique qu'il n'est pas dans le bon corps. C'est incroyable, mais c'est arrivé pour vrai. Et c'est là-dessus que je voudrais qu'on travaille aujourd'hui. Alors, qui m'a envoyé cette lettre?

MOI-devenu-Marco lève la main.

HONGO

Oh! Je suis au paradis. Qui a dit que la vie, c'est banal? Que le quotidien, c'est banal? Moi, je me lève aujourd'hui, et tout ce que je vis depuis ce matin, ce n'est pas banal, non!

Les participants rient.

HONGO

Alors, Monsieur, levez-vous. Qu'est-ce que c'est votre nom?

MOI-DEVENU-MARCO

Marc-Olivier.

HONGO

Marc-Olivier. Tu n'es pas le papa de Marie.

MOI-DEVENU-MARCO

Non.

HONGO

Il n'est pas le papa de Marie. Et tu fais quoi? Je peux te tutoyer? Heu... *(Cherchant déjà à se souvenir de son prénom.)*

MOI-DEVENU-MARCO

Marc-Olivier, mais... tout le monde m'appelle MOI. À cause de mes initiales, là. Marc-Olivier Iglesias. M-O-I. Ça fait MOI.

HONGO

Alors là, c'est trop! Il s'appelle MOI, mais il n'est plus LUI. C'est... c'est mythologique! Et tu fais quoi, MOI?

MOI-DEVENU-MARCO

J'anime... ben j'animais une émission de cuisine à la télé.

HONGO

Tu es une vedette.

MOI-DEVENU-MARCO

Genre.

HONGO

Bien. Et là, tu as un nouveau corps.

MOI-DEVENU-MARCO

Oui.

HONGO

Et pourquoi tu penses que vous avez changé de corps?

MOI-DEVENU-MARCO

Ben, j'ai été manipulé, c'est clair. L'autre gars, c'est un magicien. C'est son pouvoir. Mais j'ai compris que c'est pas juste ça, là. Ça vient réveiller des... des choses que j'ai à regarder dans ma vie, comme des blessures à... à accueillir, là? Fa que je travaille là-dessus. Je... je chemine, genre.

HONGO

Mh... Et comment il s'appelle l'autre? Ton magicien, là?

MOI-DEVENU-MARCO

Marco.

HONGO

Bon. Et, qu'est-ce que tu aimes dans le corps de Marco? Est-ce qu'il y a quelque chose de nouveau, de différent qui est positif? (*Aux autres.*) Vous voyez? On ne va pas entrer dans la thérapie conventionnelle : «c'est quoi ton histoire? pourquoi tu es malheureux?» et puis gratter les blessures, non, ça, si tu veux ça, va voir... va voir tous les autres, il y en a plein qui font ça. Non. Ici, on regarde ce qu'il y a de positif dans le problème. Car il n'y a jamais seulement que du négatif dans un problème. «Ah! Je suis séparé de ma femme, quel malheur, je suis triste, je suis triste. Mais! Parce que j'ai la garde de mes enfants une semaine sur deux maintenant, j'ai une semaine complète juste pour moi! Pour me coucher tard, pour ne pas faire de souper, pour faire la fête, et je n'avais pas ça avant.» Ça, c'est positif. Vous me suivez? Bon. Alors, MOI, qu'est-ce qu'il y a de positif avec ce nouveau corps?

MOI-DEVENU-MARCO

...

HONGO

Allez. On plonge. Ici, il n'y a pas de censure.

MOI-DEVENU-MARCO

Bon. J'ai une grosse queue.

HONGO

Tu as une grosse queue. C'est correct. Tu aimes ça, avoir une grosse queue?

MOI-DEVENU-MARCO

Oui.

HONGO

Bon, c'est bien. Il n'y a pas de mal à ça. Dans ton vrai corps, est-ce que tu as aussi une grosse queue?

MOI-DEVENU-MARCO

Non.

HONGO

Elle est petite.

MOI-DEVENU-MARCO

Mh.

HONGO

Elle est petite. Alors, c'est fantastique, tu es dans un corps qui n'est pas à toi, mais tu as une grosse queue. Qu'est-ce que tu fais avec?

MOI-DEVENU-MARCO

Heu...

HONGO

Tu l'utilises? Tu t'en sers de ta grosse queue?

MOI-DEVENU-MARCO

Non, pas vraiment.

HONGO

Tu te masturbes avec, tu joues avec?

MOI-DEVENU-MARCO

Oui.

HONGO

Bon, il se masturbe avec. Donc, dans ton malheur, tu peux au moins t'accrocher à ce positif, non?

MOI-DEVENU-MARCO

Ben...

HONGO

Tu ne peux pas voir le positif? *(Au groupe.)* Moi, si j'avais la chance d'avoir une grosse queue pendant un certain temps, je trouverais ça positif, pas vous? Bon. *(À MOI-devenu-Marco.)* Maintenant, tu vas nous raconter le moment où tu as changé de corps. On va tous écouter très bien ensemble ton histoire et nous, après, on va prendre ta blessure et on va la magnifier. On va faire une célébration avec ton drame, et toi, tu vas regarder. Et c'est ce théâtre magique, c'est la magie mystique de ce théâtre qui va te donner des réponses. Parce que j'imagine que tu veux retourner dans ton autre corps, non?

MOI-DEVENU-MARCO
Ben oui.

HONGO
Il est où ton corps?

MOI-DEVENU-MARCO
À l'hôpital. Dans le coma.

HONGO
Ton autre corps est dans le coma.

MOI-DEVENU-MARCO
Oui.

HONGO
Ah! ça, c'est spécial. Il y a la conscience d'un côté et l'inconscience de l'autre, c'est comme un... comme un duel. Un duel métaphysique!

MOI-DEVENU-MARCO
Oui. Pis y est en érection.

HONGO
...

MOI-DEVENU-MARCO
Comme du priapisme, qu'y appellent ça.

HONGO

Attends, attends. Tu me dis que, pendant que ton corps à toi, il est dans le coma, ce corps-là, il est en érection, mais tu me dis aussi que, dans ton nouveau corps, tu as une grosse bite et que tu aimes ça, c'est ça ?

MOI-DEVENU-MARCO

Oui.

HONGO

Toutte est dans toutte !

Comme si c'était un signal, le groupe se met en place pour célébrer le drame de MOI.

HONGO

Place au théâtre !

Dans une allégorie festive, on rejoue de façon succincte les éléments importants de l'histoire de MOI : son arrivée au Mexique, sa rencontre avec le couple maudit, la nuit de la cérémonie et sa prise de conscience qu'il habitait un nouveau corps. Quand le spectacle est terminé, MOI-devenu-Marco se trouve très ému, mais ne comprend pas pourquoi. Le groupe lui fait un câlin collectif. Tout le monde respire à l'unisson, puis le laisse seul avec Hongo.

HONGO

Alors, merci tout le monde. C'est très puissant ce théâtre. Très puissant. Très mystérieux. Qu'est-ce que tu as compris ? C'est clair, non ?

MOI-DEVENU-MARCO
J'sais pas.

HONGO
Alors, je vais t'aider un peu. Moi, si j'étais toi, je me servirais une bonne fois de ta grosse bite, juste pour arrêter de penser à ça, hein? Et ensuite, je pense que tu dois accepter de faire un sacrifice. Ça va te prendre beaucoup d'audace, comme de faire un saut dans le vide. Si tu veux mon avis, moi je pense que, pour retrouver ton corps, tu dois mourir dans ce corps-ci. C'est tout.

MOI-DEVENU-MARCO
C'est tout.

HONGO
Eh bien! oui. C'est rien et c'est tout en même temps.

MOI-DEVENU-MARCO
Pis l'autre?

HONGO
Quoi, l'autre?

MOI-DEVENU-MARCO
L'autre, Marco. Y fait quoi l'autre, si je meurs dans ce corps-ci?

HONGO
Ah! L'autre, il a choisi un autre défi. C'est son histoire. Et c'est toi qui payes et qui viens me voir, pas lui! Je vais te dire ce que tu devrais faire. Premièrement, tu vas aller voir ton corps dans le coma pour lui dire «je t'aime». Tu ne t'es pas assez aimé dans la vie, toi. Oui, tu penses que tu t'aimes, mais pas d'un amour véritable, c'est comme une séduction que tu fais avec toi-même. Va te dire «je t'aime». Tu peux faire ça?

MOI-DEVENU-MARCO

Mh.

HONGO

Va te dire «je t'aime». Puis, meurs. Alors là seulement, tu pourras entrer en toi, dans ta maison. (*Il amorce un départ.*)

MOI-DEVENU-MARCO

Comment je fais ça?

HONGO, *de loin*

Dis «oui» au miracle. Et commence par ACCEPTER l'idée de mourir. C'est une grande étape. Peut-être ça va prendre toute ta vie pour ça. Yé sais pas.

MOI-devenu-Marco se retrouve seul, errant, tandis qu'on entend les derniers conseils de Hongo, comme un souvenir lointain.

HONGO

Pour moi, il te manque une clé, un élément qui va te permettre de comprendre ce que tu dois faire ou comment tu dois le faire. Cherche la clé! Et accepte un peu que tout est magique. Il y a beaucoup de magie dans ton histoire. C'est comme la vie. La vie est pleine de mystères magiques.

Désœuvré, MOI-devenu-Marco fouille dans ses poches et y trouve un trousseau de clés.

MOI-DEVENU-MARCO

Ben voyons donc.

Scène 4
Appartement de Marco (Québec)

À l'aide des clés trouvées dans ses vête-
ments, MOI-devenu-Marco entre chez
Marco dans l'espoir d'être éclairé davan-
tage.

MOI-DEVENU-MARCO
Allo? Y a quelqu'un?

Au centre de l'appartement, un lapin
en cage trône, comme s'il en était le pro-
priétaire.

MOI-DEVENU-MARCO, *à l'animal*
Qu'est-ce tu fais-là, toi? C'est tu toi, ma clé?

À peine a-t-il fini sa phrase qu'il se
fait asséner un violent coup derrière la
tête. Il s'effondre, inconscient. Sortant
de l'ombre, on peut voir Knut, l'épée à
la main, regarder sa victime avec un
mélange d'effroi et de haine. Illico, il sort
de son sac une corde et du ruban adhésif
et s'empresse d'attacher celui qu'il croit
être le responsable de son malheur. Celui-
ci, ligoté et bâillonné, revient lentement à
la conscience devant un Knut menaçant,
l'épée à la main.

KNUT

Tu ne me connais pas, étranger, mais si tu savais un peu qui je suis, tu noterais tout de suite que l'usage inhabituel du tutoiement que j'emploie à l'instant avec toi, n'est pas bon signe, et tu comprendrais que je ne te porte pas en haute estime. Tu es venu dans mon pays, dans ma maison, et tu m'as dérobé le bien le plus précieux que j'avais, faisant naître en moi une sourde colère. J'ai nourri une haine pour toi, jusqu'à ce que je prisse l'avion et m'en allasse au Canada, et cette haine est irrévocable. Mais j'ai trouvé ta maison, magicien, et je t'ai trouvé maintenant, et je ne te laisserai pas tranquille tant que tu ne m'auras pas expliqué ce que tu as fait à ma promise. Écoute-moi bien, alors. Tu n'as qu'une seule question à laquelle répondre et je n'aurai pas la patience de t'écouter pérorer inutilement sur de fallacieuses théories, aussi, réponds-y avec précision. Où est Désirée? Et n'essaie pas de me leurrer, car j'ai passé l'âge de m'émerveiller devant un tour de cartes. Bien! Mon impérieux désir de t'entendre te sauvera d'éterniser ce supplice. Viens, que je te libère la bouche. Vas-y, réponds-moi.

MOI-DEVENU-MARCO, *complètement découragé*
Oh boy! Qu'est-ce tu veux qu'j'te dise...

KNUT
RÉPONDS-MOI, J'AI DIT!

MOI-DEVENU-MARCO, *terrifié*
Chu pas magicien! Chu pas Marco! J'ai fait un trip de *mush* avec lui, pis on a changé de personne, on a changé de corps, là, mon vrai corps est dans le coma, j'vas aller te le montrer si tu veux, mais chu pas lui, j'sais pas c'est qui ta blonde, chu juste venu ici pour

trouver des indices, pour essayer de comprendre ce qui s'est passé... parce que ça marche pas, là, j'sais pu quoi faire pour revenir comme avant, pis ... je sais pas quoi t'dire de plus, moi. Chu juste MOI, mon nom, c'est MOI! *(Il pleure.)* J'ai juste envie d'être moi.

Un long temps.

KNUT

Je te crois, étranger. Ton histoire est trop improbable pour être fiction. Ton cœur est pur. Ton âme est confuse, mais ton cœur est pur. Nous sommes frères de détresse. Je retiens mes larmes depuis si longtemps maintenant, de peur de sombrer dans un océan de découragement, et te voir ainsi pleurer m'ébranle profondément. Mais le temps n'est pas à l'apitoiement, mon frère. Ressaisis-toi et voyons comment nous pouvons allier nos forces afin de sortir de cette improbable infortune.

Tandis qu'il le détache, Pan prend la parole.

PAN

Ainsi parlait Knut Znutzner. Et ses paroles firent du bien à MOI.

KNUT

Allons, pardonne ma rudesse et raconte-moi à nouveau ton histoire. Mais calmement cette fois! Et je ne veux pas voir de larmes mouiller ce visage, d'accord?

PAN

Parfois, nous ne demandons que ça. Être écoutés réellement. Le reste se fait alors tout seul, les choses s'apaisent et se mettent en place. Ce qui semblait chaotique prend soudainement forme et le chemin que

89

nous devons emprunter, nous apparaît plus limpide. La solution ne nous est pas encore donnée, mais…

Scène 5
Hôpital (Québec)

*MOI-devenu-Marco et Knut entrent dans
la chambre d'hôpital.*

MOI-DEVENU-MARCO, *pointant son
corps dans le coma*

C'est MOI.

KNUT

Ho.

MOI-DEVENU-MARCO

Oui, chu... chu bandé, mais j'sais pas pourquoi.

KNUT

Ah.

MOI-DEVENU-MARCO

Mais, je chemine là-dessus.

KNUT

Ça va.

Un temps.

KNUT

Je peux lui parler?

MOI-DEVENU-MARCO

Oui, oui...

KNUT
Bonjour.

MOI-DEVENU-MARCO
Heu... c'est Knut. C'est un ami. On va retourner ensemble au Mexique.

KNUT
Oui.

MOI-DEVENU-MARCO
Pour essayer de comprendre ce qui s'est passé. Y pense que sa blonde est là-bas.

KNUT
Je ne pense pas, je le sens. Désirée a la solution, c'est sûr.

MOI-DEVENU-MARCO
C'est ça... c'est peut-être elle, la clé. Il faut dire «oui» au miracle, tu sais.

Un temps.

KNUT, *à MOI-devenu-Marco*
Tu sais quoi? Je vais vous laisser seuls quelques instants.

MOI-DEVENU-MARCO
Oui?

KNUT
Vous avez des choses à vous dire, je crois.

MOI-DEVENU-MARCO
Oui?

KNUT
Allez, je t'attends dehors.

*Knut lui donne une tape amicale sur
l'épaule et le laisse seul. MOI-devenu-
Marco prend les mains de MOI et se
recueille un instant. Puis il chante, bientôt
accompagné par MOI, faisant de cette
chanson un duo improbable.*

Je reviendrai t'habiter

[MOI-DEVENU-MARCO]
Je n'ai pas toujours été tendre envers toi
J'aimerais redevenir ton allié
Si je t'ai méprisé par le passé
Je te demande pardon

[ENSEMBLE]
Jamais je n'ai voulu te renier
Ni te dire adieu pour de bon

[MOI-DEVENU-MARCO]
Je ne comprends pas bien ma mission
Je veux rentrer à la maison

[ENSEMBLE] (refrain)
Je ne t'abandonnerai pas comme ça
Je reviendrai t'habiter, sois en sûr
Je ne t'abandonnerai pas comme ça
Je reviendrai t'habiter, sois en sûr

[MOI]
Tu reviendras m'habiter, j'en suis sûr
Tu n'as pas à en douter
Ma foi en toi est aussi forte
Je te connais plus que tu crois
Tu as été dur c'est vrai
Tu m'as poussé toujours plus loin, jamais parfait

Je ne t'en veux pas voyons
Allez, reviens à la maison

[MOI-DEVENU-MARCO]
Si je ne t'ai jamais choisi
Eh bien ! Je le fais maintenant
C'est toi mon corps, c'est toi ma vie
Tu es ma chair, mon contenant

[ENSEMBLE]
Je ne t'abandonnerai pas comme ça
Je reviendrai t'habiter, sois en sûr
Je ne t'abandonnerai pas comme ça
Je reviendrai t'habiter, sois en sûr

Nous serons si bien l'un dans l'autre
Alors nous danserons ensemble
Nous valserons comme un seul homme

[MOI-DEVENU-MARCO]
Le jour où je t'habiterai

[MOI]
Le jour où tu m'habiteras
Je serai là en t'attendant
Mais je t'en prie, reviens

[MOI-DEVENU-MARCO]
Je ne nous laisserai pas tomber
Je reviendrai t'habiter, sois en sûr

À la fin de la chanson, MOI reprend place sous les draps et ferme les yeux, de nouveau dans le coma.

Scène 6
Hôpital (Québec)

MOI-DEVENU-MARCO, *replaçant les draps*

Adieu, mon ami.

Inspiré des leçons de Hongo, il prend tout ce qui lui reste de courage et, les mains de MOI dans les siennes, il souffle :

MOI-DEVENU-MARCO

Je t'aime.

Rapidement dépassé par l'émotion qu'il ressent, il éclate alors en sanglots. Au même moment, Jeanne fait son entrée.

JEANNE

Allo, MOI! Je t'ai apporté une surprise! *(Voyant MOI-devenu-Marco qui cache son visage en larmes.)* Ah! T'as de la visite.

MOI-DEVENU-MARCO, *se retournant*

Bonjour. Excusez-moi.

Jeanne reste stupéfaite.

MOI-DEVENU-MARCO

J'suis venu voir... mon ami.

JEANNE
Vous vous connaissez?

MOI-DEVENU-MARCO
Un peu, oui. Vous aussi?

JEANNE
À quoi tu joues, là?

MOI-DEVENU-MARCO
Ah… On se connaît nous autres aussi?

JEANNE
Franchement! Tu m'en veux tant que ça, Marco?

MOI-DEVENU-MARCO
T'es ma femme, genre?

JEANNE
Ton ex-femme.

MOI-DEVENU-MARCO
La mère de Marie.

JEANNE
La mère de Marie, oui. Me prends-tu pour une dinde?

MOI-DEVENU-MARCO
J'm'excuse, ça va vraiment pas, là. J'suis pas…

JEANNE
Pourquoi tu reviens dans ma vie, Marco? C'est assez, là.

MOI-DEVENU-MARCO
Je sais pas quoi te dire. Regarde, laisse faire. J'vas m'en aller.

JEANNE
Tu me cherchais?

MOI-DEVENU-MARCO
C'est pas toi que je voulais voir, c'est MOI.

JEANNE
Lui?

MOI-DEVENU-MARCO
Oui, lui. MOI. Mais toi, tu le connais pas, lui?

JEANNE
Qu'est-ce que t'en sais?

MOI-DEVENU-MARCO
J'en sais pas mal plus que tu penses, oui.

JEANNE
Ben, j'le connais assez pour m'occuper de lui. J'suis bénévole maintenant. Je m'occupe des gens dans le besoin.

MOI-DEVENU-MARCO, *pointant le livre de recettes de MOI qu'elle a sous le bras*
C'est ça, ta surprise?

JEANNE
J'vas lui en lire des bouts. Il paraît qu'on entend quand on est dans le coma. Peut-être qu'y va aimer ça.

MOI-DEVENU-MARCO, *touché*
Peut-être, oui.

JEANNE
J'écoutais son émission.

MOI-DEVENU-MARCO
Merci. Merci de t'en occuper. J'vas partir maintenant. Bye.

JEANNE

Bye.

MOI-DEVENU-MARCO

Heu… je m'excuse pour tout ce que j'ai pu te faire de mal, OK? J'te demande pardon.

JEANNE

Marco… Pourquoi tu me dis ça?

MOI-DEVENU-MARCO

Prends soin de MOI, OK?

Pan, qui assistait à la scène, prend la parole.

PAN

Il est doux de savoir que quelqu'un veille sur soi, alors que nous partons à la recherche de soi-même. Oh! Oui. Car le défi est grand et le chemin, mystérieux. Bien mystérieux.

Deuxième mouvement
Deuxième partie

Scène 1
Sur la route (Mexique)

*Knut avance hardiment, transportant le
lapin en cage et son épée, tandis que MOI-
devenu-Marco suit péniblement derrière.*

KNUT

Allez!

MOI-DEVENU-MARCO

J'pensais pas qu'on irait là à pied.

KNUT

Moi aussi j'aurais mieux aimé m'y rendre autrement,
mais bon. Qu'importe le moyen à prendre, si la solution est au bout de la route, non?

MOI-DEVENU-MARCO

C'est vrai. «Oui» au miracle. «Oui» au miracle!

KNUT

En route! Chaque arrêt retarde le moment où je
pourrai serrer Désirée dans mes bras. Qui sait ce qui
lui arrive en ce moment?

Scène 2
Caveau humide (Mexique)

Désirée est maintenant détachée, mais toujours prisonnière du caveau. Elle s'adresse à un rat.

DÉSIRÉE

Comment pourrai-je un jour te remercier, Rat ? Nous sommes devenus complices si rapidement, et pour m'avoir ainsi délivrée de mes chaînes, tu t'assures de ma reconnaissance éternelle. Tu as rongé mes liens pour qu'enfin je puisse caresser ton pelage, c'est ça ? Mais je ne suis pas dupe, Rat. Je sais bien que ce sont ces champignons qui t'ont attiré vers moi. Tu t'es bien régalé, non ? Espèce de Rat glouton ! Ha ! Ha ! Comme tu sembles aimer mes caresses ! Tu as bien besoin d'affection toi aussi, non ? Oh ! On dirait que tu danses sous mes mains. Tu n'as plus le même regard qu'avant, Rat. On dirait que tu comprends tout maintenant.

Mais tu as encore faim ? Il semble, alors, que ces champignons ne soient pas aussi néfastes que je le croyais. Si tu en manges ainsi... peut-être pourrais-je m'y risquer à mon tour. J'ai si faim ! Je suis si affamée. Comment survivre et rester prête à recevoir mon prince, si je ne me sustente pas un brin ? Allons ! Courage, Désirée. Il faut bien manger un peu. Voyons voir... celui-ci me semble présentable.

Quelle étrange sensation que de se manger soi-même...

Scène 3
Hôpital (Québec)

JEANNE

«Ajouter quelques feuilles de coriandre. Servir immédiatement. Donne deux portions.» Voilà! Ça, c'était ta recette d'omelette aux cèpes. Je l'ai essayée une fois, c'était bon. Laquelle est-ce qu'on pourrait lire maintenant... Eh que j'suis coucoune! Regarde-moi donc! Chu là, pis je te jase ça, mais ça te tente peut-être pas! On se connaît tellement pas. J'aimerais ça arriver à te connaître mieux. Sur le site internet de ton émission, j'ai regardé pour voir si y aurait pas des choses que t'aimes, comme pour en savoir plus sur toi. Tu sais, on trouve ça souvent maintenant, sur Internet, comme une fiche des artistes : sa couleur préférée, ce qu'il emporterait sur une île déserte, un secret qu'il n'a jamais dit, etc. J'ai pensé que je pourrais trouver des choses intéressantes pour toi. Ton genre de musique, comme, puis je t'aurais amené ça, je t'aurais fait jouer ça, moi, ta musique préférée, il me semble que ça doit être bon ça. Mais t'as pas de fiche sur ton site, il y a juste des recettes. Pis là, j'suis pas pour commencer à te faire écouter du jazz, si t'aimes pas ça, ou du rock ou du classique, même le classique, c'est tellement vaste. Moi, j'aime ça de la belle musique classique, mais pas quand ça commence à s'énerver, pis envoye les sparages, pis tout ça. Non. Je m'imagine dans le coma, pis quelqu'un vient me faire écouter du classique que j'aime pas, pis j'peux rien dire, wo! C'est pas drôle. Ça fait que j'ai laissé faire la musique. Puis pour les recettes, j'vas t'avouer que j'sais pu trop non plus... Peut-être que ça t'achale. Pis j'voudrais pas t'achaler, j'veux juste t'aider moi, MOI. Je l'aime ton surnom. MOI. C'est comme si t'étais tout le monde. À chaque fois que je parle de moi, c'est comme si je parlais de toi, c'est le fun. (*Pendant un moment, on sent qu'elle pourrait exprimer subtilement son attirance pour lui, mais elle choisit de réfréner son élan.*) En tout cas...

Scène 4
Caveau humide (Mexique)

DÉSIRÉE

Voudrais-tu manger encore un peu, Rat? Faisons de ce nouveau repas, une agape cérémonielle. Quelle sottise de m'être crue seule ici, alors que mon corps est peuplé d'amis. Mes amis les champignons. Vous qui me tenez compagnie, vous m'enseignez plus que quiconque.

C'est comme si toute chose m'était présentée sous un éclairage nouveau. Vous manger a fait tomber les écailles devant mes yeux. Je vois, maintenant. Peu importe où je pose mon regard, tout est baigné par la lumière originelle. Beauté. Beauté. (*Elle regarde le rat amoureusement.*) Beauté. La vie m'offre toutes les réponses. Oh vraiment! Il n'y a rien à comprendre, tout est déjà là.

Rat, champignon, faisons silence ensemble, voulez-vous? Nous avons tant à nous dire.

Scène 5
Hôpital (Québec)

Jeanne masse les bras et les mains de
MOI.

JEANNE

C'est très bon d'activer la circulation quand on est alité comme ça. Fa que j'étais rendue où, là? Ah! Oui. Tout ça pour dire qu'après Marco, y a eu André. Oh! Un ange qui est arrivé. Mais le bon Dieu me l'a enlevé ben vite. Ça l'air que c'est comme ça les anges, ça fait juste passer, ça s'installe pas. Non. Y a eu un accident deux mois après qu'on sorte ensemble. Comme si j'avais pas le droit au bonheur, moi. Y marchait sur le trottoir, pis crois-moi, crois-moi pas, y a un bloc de glace qui s'est détaché du toit. Juste comme y passait, là, le bloc de glace s'est détaché, pis... Va comprendre quelque chose là-dedans, toi. Y serait parti de la maison une minute plus tôt ou plus tard... Y aurait attaché son lacet quelques secondes avant, y aurait décidé de s'arrêter devant une vitrine, pis toute la vie serait différente. T'imagines? Comment faut que j'me sente, moi, asthcur? J'me dis que chaque décision que j'prends est... ça peut changer ma vie au complet, tu comprends? Que d'arrêter à tel coin de rue peut me faire tomber un bloc de glace sur ma tête ou non. C'est terrible l'état dans lequel ça m'met. Pendant un bout de temps, j'pouvais plus rien faire. *(Donnant un exemple.)* Est-ce que j'vas au dépanneur tout de suite ou j'me brosse les dents avant? Si j'décide de pas me brosser les dents, est-ce que c'est là qu'un bloc de glace va me tomber sur la tête? J'dis bloc de glace, mais tu comprends, un autobus qui m'écrase, j'sais pas. Si je me brosse les dents maintenant, pis que j'vas au dépanneur après, est-ce que j'vas être correcte ou ben c'est là que l'autobus va décider de m'écraser? Est-ce que j'aurais évité l'autobus en me brossant les dents avant, mais que là, le temps que j'prends pour y penser fait que j'vas me faire écraser de toute façon? Ah! J'te dis, c'est pas des farces.

Scène 6
Sur la route (Mexique)

KNUT

Quelle sera la première chose que tu feras lorsque tu
seras à nouveau dans ton corps, dis-moi?

MOI-DEVENU-MARCO

Ah! J'voudrais ben être aussi optimiste que toi,
mais...

KNUT

Dis-moi! On joue à ça.

MOI-DEVENU-MARCO

J'sais pas. M'habiller avec du linge qui a de l'allure.

KNUT

Ton corps te manque... Tu l'aimes?

MOI-DEVENU-MARCO

Ben, c'est mon corps.

KNUT

Sérieusement. Tu trouves que tu as un beau corps?

MOI-DEVENU-MARCO

Ben... correct, là.

KNUT

Et maintenant?

MOI-DEVENU-MARCO
Non. Ben, c'est pas simple. J'ai pas... j'aime pas ça...
Mais, Knut, il faut que j'te dise quelque chose. Ce
corps-là a quelque chose de spécial.

KNUT
C'est vrai? Dis-moi!

MOI-DEVENU-MARCO
Chu vraiment ben amanché.

KNUT
...

MOI-DEVENU-MARCO
J'ai un gros pénis.

KNUT
Vraiment?

MOI-DEVENU-MARCO
Un osti de gros *shaft*, oui.

KNUT
Tu mens.

MOI-DEVENU-MARCO
Tu m'crois pas? J'vas te le montrer, si tu veux.

KNUT
Tu veux me montrer ton sexe?

MOI-DEVENU-MARCO, *lubrique*
Toi... as-tu un gros pénis?

KNUT
Moi?

MOI-DEVENU-MARCO
On pourrait comparer. Je te montre mon pénis, pis tu m'montres le tien, qu'est-ce t'en penses?

KNUT
D'accord! Pourquoi pas. Vas-y en premier, s'il est aussi gros que tu le prétends.

MOI-DEVENU-MARCO, *s'exécutant*
Pis?

KNUT
Ouf! Est-ce que... est-ce que je peux y toucher?

MOI-DEVENU-MARCO, *très excité*
Vas-y, sers-toi.

Knut le prend. Son air devient soudaine-ment démoniaque. Il serre fortement le sexe dans sa main.

KNUT
Tu pensais vraiment m'impressionner avec ton gros phallus, n'est-ce pas?

MOI-DEVENU-MARCO
Aouch! Qu'est-ce tu fais?

KNUT
Il faut supprimer le mal à la racine. Cette excrois-sance te mène à ta perte.

MOI-DEVENU-MARCO
Qu'est-ce tu fais? Arrête ça tout de suite!

KNUT
Le mal qui te ronge a pris racine ici même. Tu ne rai-sonnes plus par ta tête, mais bien par ta queue. *(Knut le tranche avec son épée.)*

MOI-DEVENU-MARCO

Ahhhhhh !

KNUT

Te voilà libre enfin ! Allons la jeter à la rivière ! Les poissons s'en régaleront !

MOI-DEVENU-MARCO

Non !

MOI-devenu-Marco essaie de remonter son pantalon et s'évanouit. Knut revient aussitôt, mais sans le sexe.

KNUT

MOI ! Tu es incorrigible ! Il suffit que je m'absente un instant pour que tu te mettes aussitôt à dormir. Tu devais préparer le feu ! Allez, lève-toi. Viens voir ce que j'ai réussi à pêcher !

Même s'il comprend qu'il a rêvé, MOI-devenu-Marco regarde tout de même subrepticement dans son pantalon pour s'assurer que son sexe est toujours en place. Il quitte, ébranlé.

Scène 7
Hôpital (Québec)

JEANNE

C'est une journée spéciale aujourd'hui. As-tu une petite idée ? Ben oui, c'est ma fête ! Pis j'ai eu envie qu'on la passe ensemble. Fa que on va fêter en grand ! *(Elle sort un petit chapeau de fête, qu'elle tente de placer sur la tête de MOI.)* Wow ! T'es beau ! *(Elle continue à déballer son sac.)* Bon. Qu'est-ce qu'y a là-dedans ?... Regarde moi ça. Un cadeau ! J'me demande bien c'est quoi ! *(Chantant.)* Ma chère Jeanne, c'est à ton tour de te laisser parler d'amour. Bravo ! Bon ! Qu'est-ce qu'y a dans ce cadeau-là ? ... *(Elle lit l'étiquette.)* À Jeanne de MOI. Mhh ! Han ? Le coffret de ton émission ! C'est une bonne idée ! Merci ! Viens que j'te donne des becs ! *(Elle l'embrasse sur les deux joues, puis le contemple, consciente que ce tourbillon cache difficilement ses sentiments réels.)*

Scène 8
Caveau humide (Mexique)

DÉSIRÉE

Quel fascinant chemin la vie m'a fait prendre pour arriver ici. J'avais rendez-vous et je ne le savais pas. Moi qui croyais devoir arriver quelque part, je vois que je suis déjà arrivée. Peu importe où l'on se trouve, nous sommes arrivés. Qu'il est doux de cesser d'attendre. Quelle détente de ne plus vouloir être, mais d'être, tout simplement. Je suis.

Je n'ai plus besoin de vous, champignons. Vous m'avez montré le chemin, mais je sais que je peux maintenant marcher seule. Vous m'avez éveillée, mais continuer à regarder l'existence à travers vos yeux équivaudrait à rester endormie. Vous m'avez rappelé que je n'ai rien à faire ; j'ai tout à être. *(Elle regarde autour d'elle.)* Il est si bon de voir enfin les choses telles qu'elles sont et non telles que l'on voudrait qu'elles soient...

Scène 9
Sur la route (Mexique)

Knut avance avec énergie tandis que son camarade de fortune traîne derrière.

KNUT
Allez!

MOI-DEVENU-MARCO
J'ai trop faim.

KNUT
Moi aussi. Mais ce n'est pas ça qui stoppera notre détermination, n'est-ce pas?

MOI-DEVENU-MARCO
Ben... J'sais pu trop, là.

KNUT
Est-ce que le chevalier a trouvé le Graal après une seule épreuve? Courage! Allez!

MOI-DEVENU-MARCO
Mais j'ai faim.

KNUT
MOI, nous n'aurons pas cette discussion une énième fois. Ce lapin n'est pas destiné à être mangé. C'est un cadeau pour Désirée.

MOI-DEVENU-MARCO
Oui, mais Knut! Tu te rends-tu compte? On a faim
pis on est là qu'on traîne un snack comme des co-
dindes!

KNUT
Ce n'est pas un *snack* et je ne suis pas un *codinde*.

MOI-DEVENU-MARCO
J'connais des recettes hallucinantes de lapin, ça serait
super bon.

KNUT
Suffit!

MOI-DEVENU-MARCO
Ahhh! Tu m'énarves.

KNUT
Mais toi aussi tu m'énerves. Jamais content, toujours
plaignard, geignard, pénible. Tu es lourd, MOI. Mais
je fais preuve d'abnégation et je t'endure.

MOI-DEVENU-MARCO, *l'imitant*
Mais je fais preuve d'abnégation et je t'endure. Regarde, ça te tente-tu de slacker un peu. Chu tanné que
tu fasses ton petit boss. Moi aussi j'ai mes problèmes,
OK?

KNUT
J'aimerais te signaler que, tandis que tu te chagrines
et te lamentes sur ton épouvantable destin, moi je
m'occupe de tout depuis le début de cette odyssée. Je
me charge du feu, du gîte...

MOI-DEVENU-MARCO
Mais, oui, mais j'ai faim! Comprends-tu ça? J'pourrais tu au moins avoir le privilège de manger comme
du monde? Criss, chu-là dans le milieu de *fuckin'*

nowhere, dans un corps qui est pas à moi, à marcher
avec un chevalier de Walt Disney qui traîne une épée
d'un bord, pis un civet de lapin de l'autre, pis qu'est-
ce que j'mange pendant ce temps-là? D'la bouette!
Des bouttes de pain, d'la barbotte mexicaine. Ah!
Chu tanné! Chu tanné, chu tanné! Pourquoi j'me ramasse icitte avec toi? J'ai rien demandé!

KNUT
C'est bon, c'est terminé? Tu as fini de jouer les victimes? De porter le blâme sur les autres? Quand ac-
cepteras-tu de prendre ta part de responsabilité dans
ce qui t'arrive?

MOI-DEVENU-MARCO
OK, fa que c'est de ma faute tout ça?

KNUT
Oh! Elle est bien plus confortable, la position de
l'opprimé, non? Elle nous autorise à nous apitoyer
plutôt qu'à nous comprendre, tu ne penses-pas?

MOI-DEVENU-MARCO
Va chier.

KNUT
Tu es pitoyable.

MOI-DEVENU-MARCO
OK, regarde, chu pas venu jusqu'icitte pour me faire
écœurer par un p'tit fendant comme toi, fa que ar-
range-toi avec tes troubles, Knut. Trouve-la tout seul,
ta princesse à marde! Ciao, bye. *(Il amorce une sortie.)*
Pis *by the way,* crisse-toi-lé donc dans le cul ton lapin!
J'vas me trouver un chevreuil pis j'vas me faire un osti
de *snack* avec! *Fuck you, fuck you, fuck you. (Il quitte,
laissant Knut seul et un peu soufflé.)*

Scène 10
Caveau humide (Mexique) et hôpital (Québec)

DÉSIRÉE

On ne m'a pas appris à prier, mais je conçois bien maintenant que la manière importe peu, rien ne compte que d'être dans l'instant. N'est-ce pas ça, prier? Et si la prière c'est être dans l'instant, alors que ma vie entière soit une prière, car il n'existe rien d'autre que ce moment précieux. Celui-ci.

À l'hôpital, Jeanne est assise au chevet de MOI et lui tient les mains. Ils sont silencieux. Elle semble en contemplation ou très loin dans ses pensées. Pendant un instant, on voit les deux femmes en prière.

Scène 11
Sur la route (Mexique) et hôpital (Québec)

MOI-devenu-Marco est seul. Il se lamente.

MOI-DEVENU-MARCO

Osti que chu con. Criss de niaisage. «On va trouver la clé, c'est elle la clé, elle l'a, la réponse». Osti de temps perdu. C'est fini. Anyway, quand ben même j'sors du coma, qu'est-ce ça va me donner? J'vas me réveiller, pis quoi? J'vas recommencer à aller baiser à droite pis à gauche pour me faire accroire que chu en vie? J'vas retourner faire des recettes dans un show de tévé minable pour me donner l'illusion que chu quelqu'un? De quoi j'm'ennuie, là? Y est où le miracle? Y en a pas de miracle. Y a juste un criss de gros tas de marde, pis on se démène toute la gang pour pas se noyer dedans, c'est ça la réalité.

Hongo s'exprime à travers Pan comme dans un doux délire.

HONGO

Mais tu dévoiles une formidable porte d'entrée pour aller à ta rencontre. C'est fabuleux. Le cul-de-sac est la porte d'entrée. L'ombre est un cadeau du moment où on voit l'ombre. Pour avoir une ombre, il faut bien qu'il y ait un peu de lumière quelque part, sinon, ce serait l'obscurité.

*MOI-devenu-Marco continue à se la-
menter, tandis qu'on peut voir Jeanne, à
l'hôpital, toujours au chevet de MOI, se
mettre à fredonner une berceuse. MOI-
devenu-Marco se serre lui-même dans ses
bras, se berçant pour se donner un peu
de réconfort, tandis que Jeanne caresse
doucement le visage de MOI. Pan-Hongo,
tel un ange gardien, veille sur eux.*

*Knut arrive et voit son compagnon de
voyage, triste et désillusionné. MOI-
devenu-Marco lève les yeux. Un temps.*

MOI-DEVENU-MARCO, *voulant lui
demander pardon*
Knut...

KNUT, *acceptant d'emblée ses excuses*
Tu viens? On y est presque.

MOI-DEVENU-MARCO, *touché par sa
bonté*
OK.

*Ils se serrent dans leurs bras, moment
de tendresse amicale, puis reprennent
leur chemin, mais Moi-devenu-Marco
l'arrête devant un paysage soudainement
familier.*

MOI-DEVENU-MARCO
Knut, on est rendus. C'est ici que j'ai fait du *mush*.

KNUT
C'est vrai? Mais alors, Désirée n'est pas loin!

Scène 12
Hôpital (Québec)

Devant le corps inerte de MOI, Jeanne
tergiverse un peu, puis décide de plonger.

JEANNE

Bon. Adieu, MOI! C'est un peu dramatique de dire
ça d'même, mais c'est ça pareil. Ce sera pas possible
toi pis moi. Ma psy a dit que j'répète des patterns, pis
que j'm'accroche juste à des histoires qui se peuvent
pas. Au prix que j'la paye, j'vas essayer de la croire,
t'sé... Fa que j'pense que c'est mieux qu'on arrête ça
là, OK?

Bon... Merci pareil. J'ai passé du bon temps avec
toi. J'pense que c'est la première fois que j'rencontre
quelqu'un qui m'écoute vraiment.

OK. Bye, là.

Oh! J'ai demandé à ton médecin qu'y me tienne au
courant mainqu'tu te réveilles, pis peut-être, si t'as
le goût de me connaître, on pourra peut-être faire
quelque chose. Aller souper. Ou tu pourrais venir
chez moi, si tu veux. J'pourrais te faire une de tes recettes! Ça doit pas t'arriver souvent ça, qu'on te fasse
une de tes recettes à souper?

Bon. Bonne chance. Bye.

Elle l'embrasse sur la joue, puis sur la bouche. Un temps. Incapable de résister à la passion qui la dévore depuis si longtemps, Jeanne laisse tomber ses inhibitions et entreprend de caresser MOI avec fougue, l'embrassant férocement, tandis que ses mains explorent son corps inerte, s'attardant même pour une première fois à son sexe dressé. Elle caresse ce sexe arrogant, affranchie de toute pudeur.

PAN
La vie prend parfois des tournures inattendues. Nous avons si soif de vivre, mais nous avons aussi tellement peur. Mais il arrive parfois qu'une voix nous rappelle qu'il vaut mieux mourir de peur, que de mourir d'ennui. Alors, nous osons prendre un risque. Ce n'est pas toujours raisonnable, non. Mais le rendez-vous est peut-être là... Peut-être.

Scène 13
Caveau humide (Mexique)

*Désirée bouge faiblement, encore illumi-
née, mais agonisante. On entend du bruit
provenant de derrière la porte.*

KNUT

Désirée! Mon amour! Je suis là!

*La porte s'ouvre, révélant Knut et MOI-
devenu-Marco ; le premier, triomphant,
l'autre dans l'expectative d'une révélation
magique.*

KNUT

Mon amour! J'arrive!

DÉSIRÉE

Knut!

MOI-DEVENU-MARCO

Criss, ça pue donc ben icitte.

KNUT

Ma chérie, je suis là. (*Longue étreinte. Puis voyant son
corps-champignonnière.*) Mais que t'ont-ils fait, les
monstres? Je suis là. Plus rien ne pourra t'arriver
maintenant.

DÉSIRÉE

Mon prince, tu es venu, mais il est trop tard. Il ne me
reste que quelques souffles et j'aurai expiré tout l'air

dont je dispose. Ces champignons ont été mon nirvana, mon éveil, mais ils seront aussi la cause de ma mort, rendant ma respiration impossible, obstruant mes voies respiratoires. *(Elle tousse.)* C'est bientôt fini, mais la joie de savoir que cette fin aura lieu dans tes bras me transporte et m'apaise. Oh! Valeureux héros. Pas un seul instant je n'ai douté de ton amour, de ta détermination. Tu es venu. Tu es venu.

KNUT
Désirée, ma princesse, ma chérie, ma tendresse, mon cœur béni. Reste avec moi. Reste, je t'en supplie.

DÉSIRÉE
À quoi bon résister, Knut? Le sentier de lumière est déjà sous mes yeux.

KNUT
Non, Désirée, pas tout de suite.

DÉSIRÉE
Fais-moi plaisir et ne me retiens pas, je t'en prie, c'est le plus beau cadeau d'adieu que tu puisses me faire.

Knut pleure.

DÉSIRÉE
Oh! Tu peux pleurer. Tes larmes et tes lamentations seront mon vaisseau pour me conduire où je dois aller. Tu faciliteras mon chemin. Ne retiens jamais tes larmes devant le deuil, mon trésor.

KNUT
Tu es si belle.

DÉSIRÉE
Tu es merveilleux.

121

KNUT

Je t'aime.

DÉSIRÉE

Je t'aime aussi.

KNUT

J'ai eu besoin de beaucoup de courage pour arriver jusqu'ici, mais ce n'est rien à côté de ce que tu me demandes maintenant.

DÉSIRÉE

Tu en es capable, je le sais.

KNUT

J'ai peur.

DÉSIRÉE

Moi aussi, mais c'est normal. Fais confiance.

Un temps. Désirée cesse de respirer.

MOI-DEVENU-MARCO

Est morte?

Devant l'évidence MOI-devenu-Marco comprend qu'il serait préférable de se retirer. Seul, Knut ravale courageusement ses larmes.

KNUT

Toute ma vie je t'ai cherchée, et voilà que je te perds dès que je te trouve. Cet amour que nous avons rêvé, comme j'aurais voulu le vivre avec toi. Désirée! J'ai tant besoin que tu saches combien je t'aime. Mais comment rester sincère devant le défi de l'amour? Car si mon amour pour toi est sincère, mon désir l'est autant. Si j'ai traversé le désert pour me rendre jusqu'à toi, si j'ai combattu le dragon, si je n'ai craint ni la faim, ni le danger, ma Désirée, ma promise, ma tendresse, c'est pour te délivrer, oui, mais c'est aussi pour te prendre, pour t'aimer. Parce que je savais qu'au bout de mon périple m'attendait ton corps; ta virginale beauté. Tu t'étais promise à moi et c'est ce qui a motivé ma quête. Mon amour m'oblige à te l'avouer. Devrais-je en avoir honte? Devrais-je rougir de te désirer?

Je brûle d'actualiser mon amour, de rendre mon verbe chair, de laisser parler nos corps. J'ai besoin de t'aimer enfin, moi qui me consume pour toi depuis le jour où j'ai goûté à tes lèvres. Tu as embrasé mes sens par tes chastes baisers. Tes lèvres pieuses, je les ai imaginées parcourant mon corps tout entier. Oh! Désirée, l'amour et la chair peuvent-ils cohabiter sans que l'un avilisse l'autre? Sans que le premier ne fasse ombrage au second? Je t'aime et je te désire, Désirée. Je t'adore et je te veux. Mon cœur bat à tout rompre, mais mon sang frappe aussi dans les veines de mon sexe, si bien que c'est mon être tout entier qui vibre pour toi.

Oh! Je ne serai pas le meilleur amant, je n'ai pas connu beaucoup d'autres joies avant toi, mais si mes mains seront malhabiles, sens, je t'en prie, au-delà de mes maladresses et de mes gaucheries, au-delà même de ta mort, Désirée, sens la puissance fulgurante de cet appel. Que mon désir occulte toute mon inexpérience, que mes caresses deviennent le véhicule qui te transporte en toute plénitude vers l'éden et le paradis, là où les âmes pures comme la tienne vont se déposer pour l'éternité. Tu es morte fille, mais tu seras enterrée femme.

Tandis qu'il termine son élégie, Knut se dévêt avant d'aller enlacer le corps de Désirée. MOI-devenu-Marco intervient alors.

MOI-DEVENU-MARCO
Qu'est-ce que tu fais, là?

KNUT
Écarte-toi de mon chemin, Marc-Olivier.

MOI-DEVENU-MARCO
C'est quoi ton projet, là?

KNUT
Tu ne comprends pas, tu ne peux pas comprendre.

MOI-DEVENU-MARCO
Comprendre que tu t'en vas fourrer une morte, j'ai pas besoin d'un secondaire V pour ça.

KNUT
Cesse d'alourdir l'air par ton babillage excessif et inutile et laisse-moi accomplir mon devoir.

MOI-DEVENU-MARCO
Excuse-moi, mais j'te laisserai pas faire de... de la nécrophilie.

KNUT
Écoute-moi bien, Marc-Olivier. J'obéis à mon destin. J'ai donné ma parole à cette fille, mais tu ne sembles pas savoir ce que c'est que de se tenir droit devant les défis que la vie nous envoie, pour voir si nous sommes dignes d'être appelés un homme.

MOI-DEVENU-MARCO, *dépassé*
Mais c'est pas vrai? J'peux pas croire que tu m'as amené jusqu'ici pour ça! «Désirée, c'est la clé du

secret.» Est morte ta clé! Ton osti de clé respire pu. Pis toi tu vas la fourrer! Non, là, ça va faire! *(Il se jette sur lui.)*

En un éclair, Knut transperce le corps de MOI-devenu-Marco avec son épée en le regardant dans les yeux.

KNUT
Pardon, mon frère.

Knut retourne auprès de Désirée, s'agenouille près d'elle et l'embrasse de la même manière qu'à l'orphelinat. Tout en caressant ses cheveux, il chuchote à son oreille.

KNUT
Réveillez-vous, ma princesse, réveillez-vous. Je viens vous délivrer d'un profond sommeil. Réveillez-vous.

Le ton monte, mais les sanglots aussi. Ses défenses tombent, son armure s'effondre. Lové contre son amoureuse, il sanglote, cherchant quelque réconfort dans le corps de Désirée, mais celui-ci se raidit et devient de plus en plus froid.

Tout cela se passe devant le lapin en cage que MOI-devenu-Marco observe, dubitatif, alors qu'il se vide inextinguiblement de son sang, interdit par la tournure subite des événements.

MOI-DEVENU-MARCO
J'suis en train de mourir, moi là. Mais j'suis pas prêt. J'suis pas prêt. *(Regardant son corps se vider de son sang.)* Ben voyons donc!

125

Deuxième mouvement
Troisième partie

Scène 1
Caveau humide (Mexique) et hôpital (Québec)

Tandis que MOI-devenu-Marco agonise dans une mare de sang, Knut continue à caresser doucement Désirée.

À l'hôpital, Jeanne chevauche maintenant MOI en continuant à le masturber d'une main, tandis qu'elle se touche de l'autre, prise d'une frénésie incontrôlable.

Puis, c'est le miracle. Alors que MOI-devenu-Marco rend son dernier souffle, MOI sort du coma. Il ouvre les yeux et inspire profondément, ce qui saisit Jeanne et la paralyse. Dans un élan qui n'a de sens que pour celui qui émerge du coma après avoir été tué quelques instants plus tôt par une épée, MOI prend lui-même son sexe et termine de se masturber avec vigueur pour se rendre à l'orgasme. C'est devant le spectacle d'une éjaculation particulièrement abondante que Jeanne s'évanouit dans les bras de MOI. Après son orgasme fulgurant, soufflant et reprenant ses esprits, MOI comprend qu'il a réintégré son corps. *Il se regarde, se tâte.* Ému, il pleure en serrant Jeanne dans ses bras. À l'autre bout de l'Amérique, Knut fait de même, pleurant lui aussi, caressant les cheveux de Désirée, inerte dans ses bras.

PAN

Épilogue

Épilogue

Marco s'allonge au centre de la scène,
comme s'il était dans un cercueil. Pan
s'approche et s'agenouille près du corps.

PAN
Comment terminer un récit aussi improbable ? En te
parlant de la mort ou en te parlant de la vie ? De la
mort, on pourrait dire qu'elle est un puissant rappel à
faire bon usage du temps qu'il nous reste. Quel privilège de pouvoir respirer ! *(Il prend une longue inspira-*
tion.) Et de la vie on pourrait dire… on pourrait dire
que la vie n'est pas un problème à résoudre : c'est un
mystère à vivre. Et qu'il faut savourer ce mystère…

Les proches de Marco arrivent au salon.
Jeanne et Marie (tenant le lapin) prennent
place près du corps. Puis MOI arrive,
ému. Knut le suit de près et s'approche de
lui.

MOI
Knut !

Retrouvailles. Accolades.

KNUT
Ça va ?

MOI
Oui.

KNUT, *entraînant MOI à l'écart*
J'ai donné le lapin à Marie finalement.

MOI
Ah, oui?

KNUT
Oui. J'imagine que c'est ce que Marco voulait.

MOI
Tu penses?

KNUT
En fait, je présume que le lapin, c'est Marco.

MOI
Ah, oui?

KNUT
Oui. Pourquoi pas?

MOI
Ben oui. Pourquoi pas!

KNUT, *se risquant à imiter l'accent québécois*
Toutte se peut.

PAN
Oui, toutte se peut. Et toutte est dans toutte... Je t'ai
longtemps cherché pour te raconter cette histoire. Je
suis content que tu l'aies entendue. Comme on sent
les effets d'un bon vin se propager lentement dans
notre sang, laisse cette histoire se répandre en toi.
Surtout, ne cesse jamais de croire à l'impossible. Je
t'aime.

FIN

AUSSI CHEZ DRAMATURGES ÉDITEURS

24 Poses, de Serge Boucher
38 (A, E, I, U, O), collectif de 38 auteurs en cinq tomes
À présent, de Catherine-Anne Toupin
Antarktikos, de David Young
Avaler la mer et les poissons, de Sylvie Drapeau et Isabelle Vincent
Avec Norm, de Serge Boucher
Autodafé, de Olivier Choinière
Barbe-Bleue, de Isabelle Cauchy
Beauté intérieure, de Olivier Choinière
Bhopal, de Rahul Varma
Blue Bayou, la Maison de l'étalon, de Reynald Robinson
Caravansérail, de Robert Claing
Cette fille-là, de Joan MacLeod
Cheech, de François Létourneau
Chroniques du dépanneur, de Martin Boisclair
Circus minimus, de Christian Bégin
Code 99, de François Archambault
Coin Saint-Laurent, collectif d'auteurs
Coma unplugged, de Pierre-Michel Tremblay
Couteau, de Isabelle Hubert
Cyberjack, de Michel Monty
Délit de fuite, de Claude Champagne
Dits et Inédits, en 4 tomes, de Yvan Bienvenue
Dits et Inédits (réédition augmentée), de Yvan Bienvenue
Écritures pour le théâtre, en 3 tomes, de Jean-Pierre Ronfard
extasy_land.com, de Jean-Frédéric Messier
Félicité, de Olivier Choinière
Floes et D'Alaska, de Sébastien Harrisson
Game, de Yves Bélanger
Glouglou, de Louis-Dominique Lavigne
Gros et Détail, de Anne-Marie Olivier
Hypatie ou La mémoire des hommes, de Pan Bouyoucas
Jusqu'au Colorado, de Jérôme Labbé
Jocelyne est en dépression, de Olivier Choinière
King Dave, d'Alexandre Goyette
L'homme des tavernes, de Louis Champagne
L'hôtel des horizons, de Reynald Robinson
L'humoriste, de Claude Champagne
L'Iliade d'Homère, de Alexis Martin
L'Odyssée, de Dominic Champagne et Alexis Martin
Là, de Serge Boucher
La nostalgie du paradis, de François Archambault

Recyclé
Contribue à l'utilisation responsable
des ressources forestières
www.fsc.org   Cert no. SGS-COC-003153
© 1996 Forest Stewardship Council

FSC

MARQUIS

Marquis imprimeur inc.

Québec, Canada

2010

Imprimé sur du papier Silva Enviro 100% postconsommation
traité sans chlore, accrédité Éco-Logo et fait à partir de biogaz.

100%   PERMANENT